投資経験ゼロでも成功できる内藤式不動産投資術

はじめに

本書を手に取ってくださった読者の中には、もしかしたらタイトルに違和感を覚えた方がいるかもしれません。

なぜなら、私の著書を読んだことのある方は、「たしか、内藤忍はアセットアロケーションによる資産運用を提唱していたのでは？」と思うかもしれないからです。

たしかに、私の最初の著書は2005年に出版した『内藤忍の資産設計塾』（自由国民社）です。

日本で初めて「アセットアロケーション」の具体的方法を指南する書籍として大

きな反響を得て、シリーズ累計で13万部を超えるベストセラーとなりました。

その後、資産運用関連の書籍を40冊近く出版しましたが、当初は国内の不動産投資についてはあまり積極的に取り上げてきませんでした。

もちろん、それには理由があります。

不動産投資初心者の多くも成功！

私は自分自身が実際に投資をして、成果が出ると判断したものを読者の皆様にご紹介すると決めています。投資書籍の著者の中には自分は投資しないのに人に薦めるという人も少なくありません。しかし、それは読者を船に乗せて自分は安全な岸にいるようなものです。私は、読者と一緒に同じ船に乗ることにこだわっています。

『内藤忍の資産設計塾』をはじめとする従来の書籍は「インデックス投資を軸とし

たポートフォリオ運用」を提唱しています。これは、銀行、証券会社、投資顧問会社、プライベートバンクなどで25年以上にわたり仕事をし、自分自身の資産運用の経験も踏まえ、個人投資家の資産運用においても不可欠であると確信できたので、自信を持ってご紹介したのです。

その後、2013年から私は国内の不動産投資を始めました。**実際に自分で行なってみて、国内の不動産投資は、投資初心者・未経験者にとっても有益な投資対象であるとの確信を持ちました**。さらにやり方を工夫すれば、本書のタイトルどおり、99％の確率で成功できるとの確信を持つようになりました。

私は、これまでにセミナーや1対1のパーソナル・コンサルティングを通じて、3000名以上の方に資産運用の具体的な方法をお伝えしてきました。

国内不動産の投資に関しては実践したほとんどすべての方が、成功をおさめています。

しかも、**成功している方の多くは、投資未経験者**です。

つまり、私の投資方法は、**誰でもすぐに真似できる、「再現性」の高いメソッド**であるといってよいと思います。

世の中には多くの不動産投資に関する書籍がありますが、本書は従来の不動産投資本とは大きく異なる内容であると自負しています。

▼「空室リスク」は驚異の1%未満

「99%成功する不動産投資術なんて、本当に存在するの？」

まだ半信半疑の読者も多いかもしれません。

「不動産投資は、金融商品より投資のリスクが高い」

これが世間の常識だからです。


では、不動産投資の一番のリスクとは、何でしょうか？

それは、空室のリスクです。

全国の貸家の空室率は30％を超えています。

つまり、3戸に1戸は、空室となっている計算になります。

平均値がこのような高い数値ですから、物件選択を間違えると、さらに失敗の可能性が高まります。


こういった不動産投資に関するマイナスの情報に触れると「やっぱり、不動産投資は危ない！」と思い込んでしまうのも仕方がないことかもしれません。

でも、ここで1度、冷静になって考えてみてください。

不動産投資の最大のリスクが空室リスクということは、逆に言えば空室リスクの低い物件を手に入れれば、リスクは大きく軽減できるということです。


じつは、**本書のタイトルに掲げた「99％」という数字は入居率**のことです。

本書でご紹介する不動産投資は、**空室率1％未満という実績があるのです。**

▼この1冊で不動産投資の〝すべて〟がわかる!

不動産投資を解説した類書の中には、資産運用の範囲を超えて、〝仕事〟として取り組まねばならないほどの時間と労力を必要とする内容が見受けられます。

しかし、私の提案する方法は、**実際に物件を探す手間を極力省き、購入後の管理も専門家に任せることで、本業で忙しい人でも無理なく行なうことができます**。

また、優良な物件の選び方や、ローンの組み方などで正論は書かれているものの、最も重要な要素の1つである不動産業者を見つけるノウハウについては、「信頼できる会社、営業マンを自分で見つけましょう」といった、誰もがわかっている常識しか書いていない本もあります。

それだけでは、本を読んで不動産投資を始めようとしても、何から手を付ければよいのかがわからないままです。

そこで本書では、私がお付き合いして、実際に物件を購入している不動産会社も

内藤式不動産投資なら、入居率は99%以上!

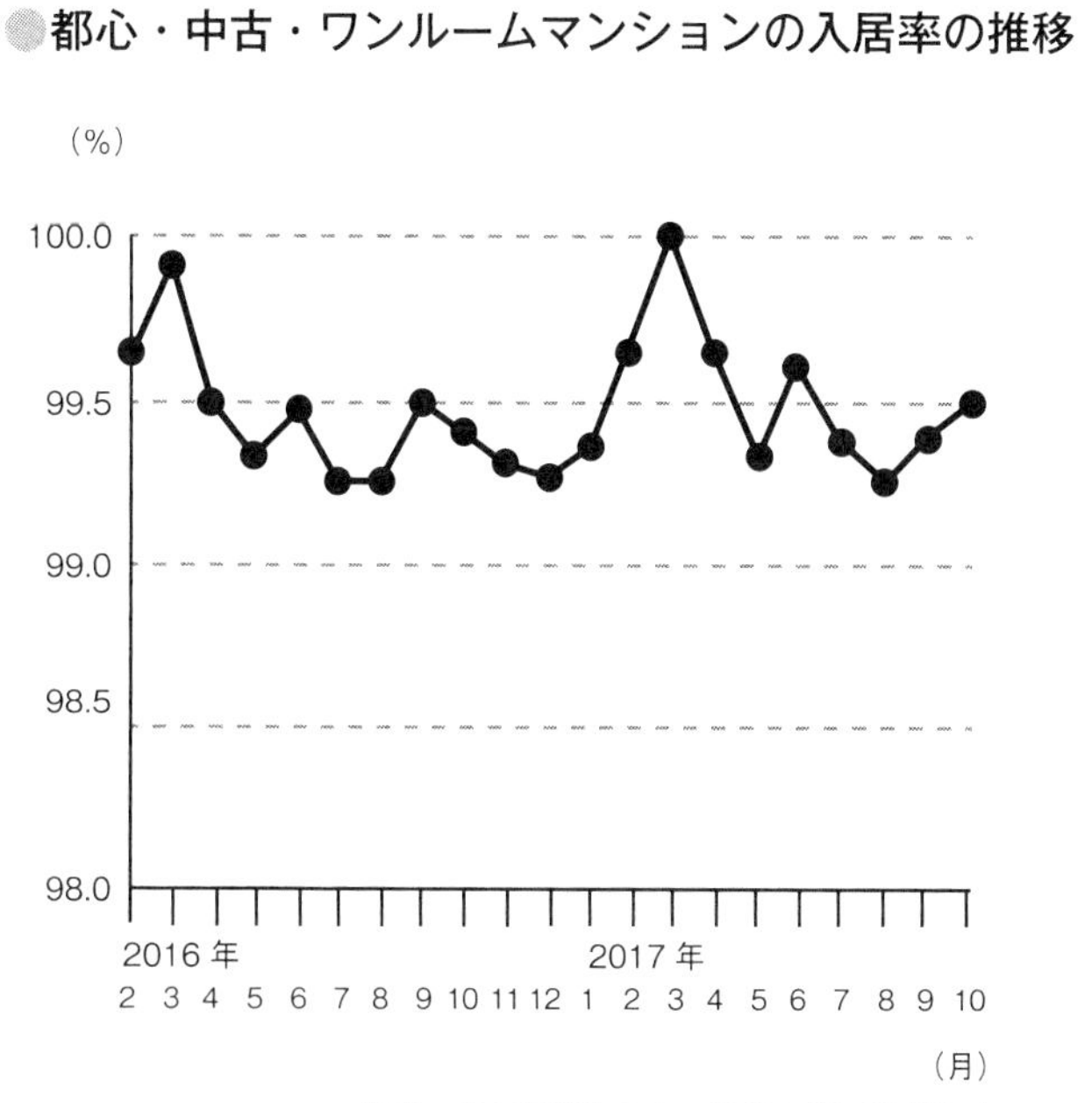

出所：日本財託セミナー資料を基に著者作成

筆者が投資家として管理を依頼する日本財託管理サービスの入居率は、不動産投資としては驚異の99%以上を続けている

いくつかご紹介しています。

私は本書をこれから国内不動産投資をはじめる人の決定版にしようという意気込みで執筆しました。この1冊で、国内不動産をはじめるための知識はすべて網羅しているはずです。

ではさっそく、その投資方法をご紹介していきましょう。

内藤 忍

目次

『初めての人のための99%成功する不動産投資』

第2章……内藤式不動産投資7つのポイント

第3章……「99%成功する物件」の選び方

第4章……99%成功するために知っておきたい賢いローンの借り方

第5章　中古ワンルーム投資は実際にどれくらい儲かる？

第6章……「99%成功する物件」が買える販売会社の選び方

第7章……管理会社の選び方・付き合い方

※本書の情報は、本文中でとくに断りがない限り、２０１７年11月末現在のものです。また、本書は投資をする上で参考となる情報の提供を目的に作成しており、本文中のすべての記述は著者の調査結果に基づいていますが、元本や確実なリターンを保証するものではありません。本書を参考にした投資結果について、著者および本書の発行元は一切の責任を負いません。

第1章

なぜ、今、不動産投資を始めるべきなのか?

不動産投資を始める絶好のタイミングが今！

日本は、2011年以降人口減少フェーズに入ったとされています。
そして、これから世界に例を見ないスピードで少子高齢化が進んでいきます。
このような環境では、国内不動産投資は益々難しい投資になっていきます。

読者の皆さんの中には、次のような不安を持っている方が多いと思います。

「そもそも国内の不動産投資をいま始めて本当に大丈夫なのか？」

しかし、私の見方は、むしろ正反対です。

「いまこそ、国内不動産投資を行なう絶好のタイミングである」

なぜ、そう言い切れるのか？

具体的方法を解説する前に、まずはその理由をお話ししましょう。

借金だらけの日本政府がしようとしていること

日本政府は、２０２０年度に国と地方の基礎的財政収支（プライマリーバランス）を黒字化することを目標に掲げていましたが、現在では撤回が検討されています。社会保障費が増大する一方、教育費の無償化などで日本の財政赤字はますます膨らんでいるからです。

日本の財政赤字のＧＤＰ比率は、先進国の中では最悪の水準です。

現在、日本政府の債務残高（＝借金）は約１０７３兆円です。

1年間の税収は約55兆円で、年間の歳出（＝支出）は約98兆円です。

したがって、毎年約43兆円も借金が増え続けていることになります。

家計にあてはめて単純化すると、約1億7300万円の借金がある家庭が、年収550万円にもかかわらず、毎年980万円を使って、400万円以上の借金を続けていることになります。

年収の20倍近くの借金があるにもかかわらず、収入以上にお金を使い、収入の半分近くの借金を続けているという状況が今後も維持できるとは到底考えられません。

政府がこの状況を改善する方法は3つしかありません。

1つ目の方法として、収入を増やすことが考えられます。しかし、人口が減っていき、高い経済成長を期待できない日本が税収を増やすことは、簡単ではありません。

年間の赤字を解消するだけでも消費税を大幅に上げる必要があります。国民の多くは増税反対ですから、実現は困難でしょう。

2つ目の方法は、支出を「減らす」ことです。これも難しいといわざるをえません。

支出が膨らんでいる最大の理由は、年金や医療、介護などにかかる社会保障費の増大ですが、少子高齢化が進む日本では、減るどころか、さらなる増大が避けられません。

年金の支給開始年齢を引き上げるとか、医療費の自己負担の割合を大きくすれば、社会保障費を減らせますが、国民の合意は得られないでしょう。

ではどうするのか?

3つ目の方法は、**日本経済をインフレにする**ことです。

話をわかりやすくするために、これからインフレがどんどん進行して、10年後に物価が2倍になったと仮定してみましょう。

すると、いずれ収入も、国の税収も2倍に近づくはずです。

収入が2倍になってもモノの値段もインフレで2倍になっているので、豊かになる訳ではありません。

しかし、インフレで変わらないものがあります。

それは借入金額です。

物価が2倍になっても借金額は変わりませんから、実質的な借金は半分に減ります。


インフレになると、借金が実質的に減っていくのと同様、預貯金などの金融資産の価値も実質的に減少することになります。

インフレ時の物価上昇率ほどには、預貯金の金利は上がらないからです。

金融資産をインフレによる実質的価値の下落から守るためには、インフレに強い金融商品に投資することが必要になります。

その代表は株式と不動産です。

株式は流動性が高く株式に投資する投資信託（インデックス・ファンド）を使え

ば簡単に投資が可能です。しかし、リーマン・ショックのような相場の急落があると、市場平均でも50％近くの下落が発生する可能性があります。

また、株式のような金融資産は基本的に自己資金で購入することになりますから、資産があまりない方には当初の投資金額を大きくできないデメリットがあります。

このような株式投資の2つの問題を解決でき、インフレ対策になるのが国内不動産投資なのです。

なぜなら、日本人には「お金を借りる力」という特権があるからです。

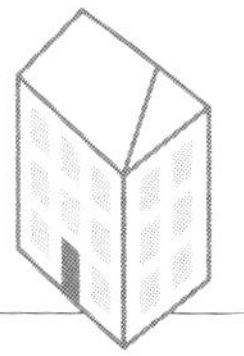

不動産投資は日本人の〝特権〟を活用できる運用法

たしかに、インフレになれば、株式や不動産の価格は上昇して値上がり益を得られる可能性があります。

しかし、国内不動産投資は、そうした資産価格の上昇（＝キャピタルゲイン）だけがやるべき理由ではありません。

不動産が値上がりするかどうかは、誰にも予測できませんし、いつインフレになるのかもわかりません。それを予測して投資しても成果を得るのに時間がかかる可能性があります。

私が国内不動産投資を実践する理由は、お金を借りて金利差から収益

を得られるからです。

国内での不動産投資は、資金の借り入れを極めて低い金利で行なうことができる環境にあるのです。

金融機関や借り入れをする人の信用力によって変わりますが、投資用不動産の購入資金の借入金利は2％前後になります。

不動産の賃貸利回りは、都心でも5％前後はあります。

賃貸利回りと借入金利の差を「イールドギャップ」といいますが、これが3％（＝5％－2％）程度もある国は世界でも珍しいといえます。

しかも、**投資金額の80％から90％、極端な場合は100％（＝フルローン）借りられるのも、世界的にみて極めて稀**なことなのです。

この日本人の特権を利用して、**ポートフォリオに占める負債（＝借金）の比率を高め、インフレになっても対応できる状態にすることを考えるべ**

中古ワンルーム投資の収益

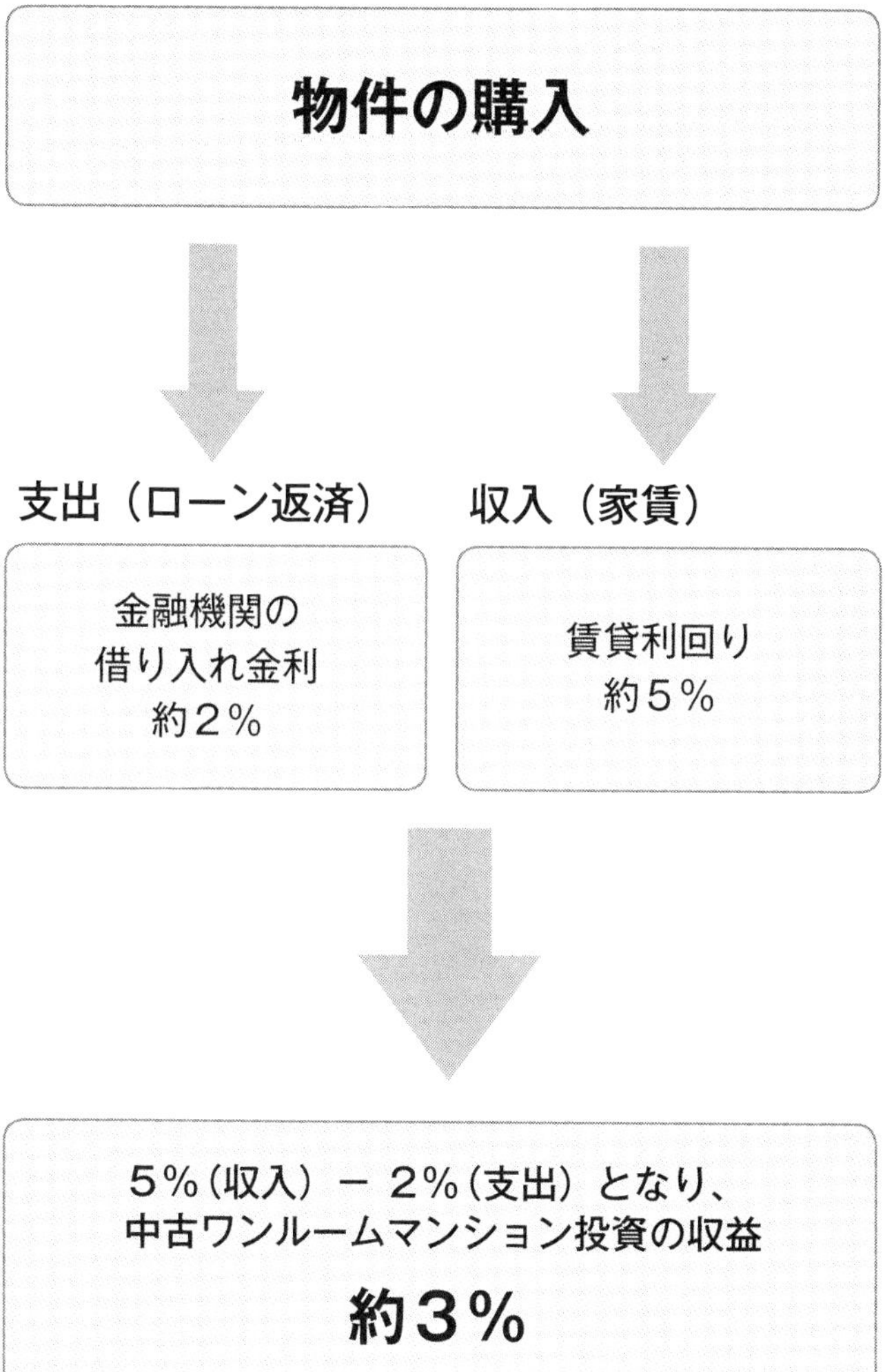

きです。

国が、年間約55兆円の収入で、約1073兆円の借金を抱えている状態なら、年収550万円の人が、1億730万円の借金をすれば「国と同じポジション」をとることができます。

こうすれば、金利差から収益を得ながら将来インフレが起き、進行すればするほど借金が軽減されていく――。

そして、こうした多額な借金を可能にするのが、国内不動産投資なのです。

「不動産ブーム」とは一線を画す内藤式不動産投資術

「不動産投資が、将来のインフレ対策になることはわかった。でも、そもそも不動産投資はすでにブームがひと段落してしまったのでは？」

ここまで読んで、このように考える読者の方もいらっしゃるかもしれません。

「そんな状況で、本当に不動産投資をしてもよいのか？」

という疑問が浮かぶでしょう。

しかし、本書で紹介する内藤式投資術は、不動産ブームが来ていようが、終わっていようが、関係ありません。

不動産市場の変化は関係ないからです。

本書でご紹介する私のメソッドは、ブームによる値上がりを狙うものではなく投資した不動産から毎月家賃収入を得るという**「インカムゲイン型」**だからです。

「インカムゲイン」とは、安定的・継続的に受け取ることができる利益という意味です。

投資期間も、10年、20年、30年といった超長期を想定しています。

短期的な不動産市場の状況（=市況）に影響を受ける方法ではないのです。

そもそも不動産投資は、投資金額が大きいので、市況を読んで投資のタイミングを狙うという方法は不確実性が高すぎます。

ブームがいつ始まって、いつ終わるかは、専門家でも事前に予想できません。

不動産市場に影響を受けない投資方法がベストであり、本書ではその具体的方法を紹介します。

第2章

内藤式不動産投資
7つのポイント

99%成功する内藤式不動産投資術とは

本章から99%成功する内藤式不動産投資のメソッドについて、具体的に解説していきたいと思います。

内藤式不動産投資術には、左の図のような、7つのポイントがあります。

初心者、未経験者が不動産投資で99%成功するためには、この7つのポイントをおさえることが大切です。

それぞれについて、詳しい解説は第3章以降で行ないますが、本章ではコンパクトにまとめておきます。

内藤式不動産投資術7つのポイント

POINT 1　中古ワンルームマンションである

POINT 2　東京都心3区・6区・10区から始める

POINT 3　駅から徒歩10分以内である

POINT 4　「新耐震基準」をクリアしている

POINT 5　信頼できる不動産販売会社から買う

POINT 6　物件は見ない

POINT 7　ローンを最大限に活用する

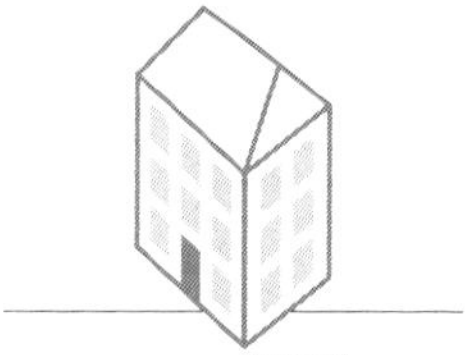

【ポイント1】中古ワンルームマンションである

まずは、投資すべき物件です。

99％成功する物件の1つ目のポイントは、新築やファミリータイプではなく「中古ワンルームマンション」であることです。

ここでいうワンルームマンションとは、**一般的なワンルームマンションの中でも16㎡〜25㎡前後の広さの物件のことです。**

この広さの都心・中古・ワンルーム物件であれば、毎月の家賃は6万円から10万円程度になります。

単身で、都心で生活している人が支払える家賃金額は最大で10万円くらいまでという人がほとんどです。そんな最も需要のある価格帯に合った広さが、16㎡から25㎡という広さなのです。

これ以上の広さになると家賃が10万円から15万円のレンジに入り、借り手の数が少なくなります。逆に、家賃が5万円以下になるとマンションではなくアパートになってしまい、こちらも借り手の属性が変わってきます。

部屋は狭くても利便性の高い綺麗な鉄筋コンクリートのマンションに10万円以下の家賃で住みたい。そんな若年層の需要をしっかり取り込むことが空室リスクを避けるために重要なことです。

適正な広さの中古ワンルームマンションは、そんな需要にフィットした空室になりにくい投資対象なのです。

【ポイント2】東京都心3区・6区・10区から始める

不動産投資に適するエリアとはどういうところでしょうか。

それはズバリ、人口が増え続けている地域です。そして、少子高齢化が進んでいる日本の場合、それは、東京都心となります。

しかし、都心であれば、すべてが投資エリアとなるわけではありません。東京都内の23区であっても、人口動態には差があります。

また、人口が増えている地域でも、世帯数の増加ペース以上に賃貸物件が増えてしまうと、需給が悪化し、空室リスクや賃料下落リスクに直面します。人口さえ増えていればまったく問題がない、というわけではありません。

不動産投資のリスクが小さいベストなエリアを挙げると、千代田区・中央区・港区のいわゆる「都心3区」となります。

ここに、新宿区・渋谷区・文京区を加えた「都心6区」も空室リスクの低いエリアであるといえるでしょう。

ただし、ここ数年、都心6区の物件は物件価格の上昇が著しく、投資利回りは低下傾向にあります。資産性は高くても、収益性が低くなっているのです。

そこで、もう少し対象を広げるなら、6区に目黒区・世田谷区・品川区・大田区を加えた「都心10区」となります。3区、6区と比べると、投資利回りは高くなり、収益性は上昇します。

投資エリアは資産性と収益性のバランスから考えることが大切です。

ポイント3

駅から徒歩10分以内である

物件のポイントとしては、**最寄り駅からの距離も重要です。**ワンルームマンションの入居者は、利便性を重視するため、駅から遠くなってしまうと、賃貸の需要が下がってしまうのです。

最寄り駅からの距離は、「徒歩10分以内」が原則になります。

当然、駅の近くになればなるほど人気は高まります。私は、できれば徒歩5分以内の物件を選ぶようにしています。

物件価格は高くなり、収益性も低下してしまいますが、10分と5分では、空室リスクに将来差が出ると考えているからです。

また、金融機関によっては、最寄り駅から徒歩10分以内を超えている物件には、融資しない場合もあります。

ただし、後で述べるように、最寄り駅が、山手線のターミナル駅であったり、ワンルームマンションのおもな借り手となる若年層の人気が高い駅であったりする場合は、10分を超えても高い入居率の物件もあります。

とはいえ、まずは、「最寄り駅から徒歩10分以内」を条件に物件探しをするようにしましょう。

【ポイント4】「新耐震基準」をクリアしている

建物を選ぶ上で重要なのは、「新耐震基準」をクリアしていることです。

新耐震基準とは１９８１年に改正された建築基準法で定められた構造基準です。震度6強から7程度の地震でも倒壊しない構造を想定しています。

これに対して、１９８１年6月以前に建築確認を受けて着工された物件は旧耐震基準の物件になります。

中古ワンルーム物件には、この新耐震基準でつくられた物件と旧耐震

基準で建設された物件の2つが存在します。

これから不動産投資を検討しているような投資初心者、未経験者が購入すべきなのは新耐震基準を満たしている物件です。これは購入時に確認することが必須です。

本書では、新耐震基準の物件への投資を前提に話を進めていきます。また後半で紹介する不動産販売会社も、原則、新耐震基準の物件しか取り扱いをしていません。

同じ中古ワンルームでも、2つの物件には大きな違いがあることを知っておきましょう。

【ポイント5】
信頼できる不動産販売会社から買う

5つめのポイントは、不動産販売会社の選び方です。

インターネットで検索した経験がある人ならおわかりいただけると思いますが、投資用マンションを販売する会社は、無数にあるといえる状態です。玉石混交の中から、信頼できる会社を選ぶことは簡単ではありません。

不動産投資に関する本や記事などでは、「信頼できる不動産業者、営業マンを見つけることが大事です」と書かれていても、その先の肝心な、信頼できる不動産業者や営業マンの「具体的な見つけ方」が書いてあることは、ほぼありません。

そこで、本書では、信頼できる不動産販売会社とはどういうところかを明確にしたいと思います。

そのために、マンションの流通市場の仕組み、流通市場におけるマンション販売会社の役割について詳しく解説します。

その上で、私自身が長期でお付き合いを続けている具体的な販売会社のリストも挙げます。

信頼できる会社、営業マンが紹介する物件であれば、成功するための基本的な条件はクリアしているものです。

次節の「物件は見ない」という（ポイント6）は、購入先が信頼できる不動産販売会社であることを前提としています。

ポイント❻ 物件は見ない

これは意外に思われる方も多いかもしれませんが、都心・中古・ワンルームマンションの購入にあたっては、実際に物件を見ずに購入を決めて構いません。

入居者がいる状態で所有者が替わる、「オーナーチェンジ物件」の場合、外から建物を見ることはできますが、内装については、入居者が住んでいるので、現地に行っても確認できません。**現地で得られる情報はほとんどない**のです。

また、信頼できる販売会社の物件で、提携ローンが利用できる場合は、不動産会社と融資をする金融機関があらかじめ審査をして物件の評価をしています。

つまり、提携ローンで購入できる物件は、専門家によるダブルチェックがかかっているので、自らチェックしなくても安心して購入できるのです。

じつは私自身も、これまでに購入した都心・中古・ワンルームマンションは、すべて現物をみないで購入しました。

すべてがオーナーチェンジ物件で、入居者がそのまま借り続けていますが、1度も問題は起きていません。

入居者がいること自体が、物件の空室リスクの低さを証明しているといえます。

【ポイント7】ローンを最大限に活用する

国内不動産には投資資金を自己資金だけではなく、**借入で調達することができるというメリットがあります**。

私は、借入に際して、**借入期間をできるだけ長く、そして借入金額もできるだけ多くする**ことを意識しています。

ローンの借入期間を長くしたほうがよい理由は、2つあります。

1つは毎月の返済額が少なくなり、家賃からローン返済金額を差し引いたキャッシュフローが改善するからです。

そして、もう1つの理由は、いったん借入をしてしまうと、後から借入期間を短くすることはできても、長くすることはできないからです。

逆に自分の好きなタイミングで借入期間を短くすることは、繰り上げ返済を活用すればいつでも可能です。

借入金額に関しては、借入期間と同じように、いったん借入をしてしまうと、後から借入金額を減らすことはできても、増やすことはできません。

しかし、借入が大きくなればなるほど返済金額は大きくなり、キャッシュフローが悪化するという問題が発生します。

なるべく多く借りることで最大限にローンを活用し、借入額を将来自分でコントロールできるようになりますが、キャッシュフローがマイナスになってしまうと返済負担が毎月かかってきます。

対策としては、**頭金を調整して、キャッシュフローがプラスマイナスゼ**

ロになる程度にすることです。

借入期間を長くして、キャッシュフローから借入金額を決めていく。これによってバランスの取れたローンの活用が可能になります。

第3章

「99％成功する物件」の選び方

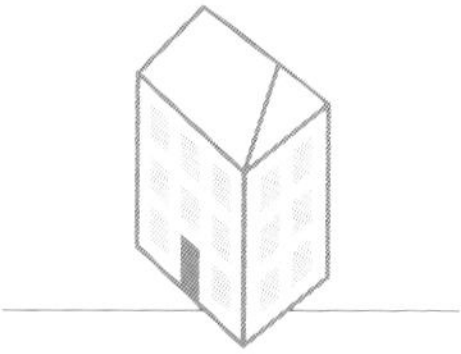

99％成功する物件は「東京都心の物件」

ここから、前章で解説した内藤式不動産投資の7つのポイントと、それぞれのポイントに関係する投資のノウハウについて、詳しく解説していきます。

まず、物件の選び方から見ていきましょう。

不動産投資で失敗しないためには、第2章でも述べたとおり、まず**人口（世帯数）が増え続けている地域に投資する**ことです。

たしかに、人口が増えている地域でも、賃貸需要以上に物件供給が増えてしまうと、需給が悪化し、空室リスクや家賃下落リスクが顕在化する場合があります。人口が増えていればまったく問題がないというわけではありません。

しかし、人口が減少している地域は、物件の供給がそれ以上に減らないと需給は改善しません。

賃貸物件が減少していくのには、時間がかかり、その間、賃貸環境は悪化したままです。

やはり、**不動産投資の大原則は、人口が増えている地域に投資する**ということになるのです。

日本全体では、少子高齢化が進んでいます。

総務省が発表している「住民基本台帳人口移動報告」によると、2016年に転入が転出を上回った都道府県は東京都、千葉県、埼玉県、神奈川県、愛知県、福岡県、大阪府の7つしかありません。

そして、第1位の東京都の転入超過数は7万4177人と、第2位の千葉県の1

万6075人の5倍近くあります。

つまり、日本の人口増加地域は東京を中心とした首都圏に集中していると同時に、**東京の一極集中**となっているのです。

不動産投資関連の書籍には、人口が増加している地域であれば地方でもかまわないという考え方が散見されます。

たしかに、地方都市の賃貸物件の投資利回りは都心に比べて高くなります。

ですが、**投資利回りを重視して投資する物件を決めるのはリスクが高い**ので、少なくとも投資初心者にはおすすめしません。

一般的にいわれている不動産の投資利回りとは、その不動産が満室となったときの年間賃料を不動産の価格で割った数字です。「表面利回り」といわれることもあります。

この利回りが高い不動産ほど、投資対象として魅力的な不動産であると考えてい

2016年の都道府県別・転入超過数ベスト20

（単位：人）

順位	都道府県	2016年	2015年	2014年
1	**東京都**	**74,177**	**81,696**	**73,280**
2	千葉県	16,075	10,605	8,364
3	埼玉県	15,560	13,528	14,909
4	神奈川県	12,056	13,528	12,855
5	愛知県	6,265	8,322	6,190
6	福岡県	5,732	3,603	3,900
7	大阪府	1,794	2,296	-391
8	沖縄県	-272	16	-37
9	宮城県	-483	-76	2,437
10	滋賀県	-706	-1,987	-889
11	京都府	-750	-279	-1,174
12	石川県	-811	-287	-586
13	富山県	-1,004	-1,045	-1,091
14	香川県	-1,101	-492	-1,149
15	島根県	-1,252	-1,366	-1,601
16	鳥取県	-1,310	-1,503	-1,131
17	徳島県	-1,748	-2,234	-1,495
18	福井県	-1,820	-2,154	-2,246
19	岡山県	-1,973	-1,250	-382
20	山梨県	-2,011	-2,553	-2,564

出所：総務省の平成28年分「住民基本台帳人口移動報告」

2016年に転入者が転出者を上回った（＝転入超過）都道府県は7つあり、1位の東京都の人数は2位の千葉県の約5倍にのぼっているる人が多いようです。

たとえば、投資利回りが8%のマンションのほうが5%よりも「有利」という考え方です。

しかし、それは必ずしも正しくありません。

なぜなら、**投資利回りの高い不動産ほど、リスクは高くなる**からです。

高利回り物件は、空室リスクや賃料の下落リスクが高いからこそ、不動産価格が割安になっている、といえるのです。


もし、都心の物件と地方の物件が同じ投資利回りであれば、地方の物件を買う人はいないでしょう。

投資利回りが、不動産投資をする際の1つの目安になることは否定しません。

ただし、利回りの高い物件を狙うのは、リスクの高い物件に投資しようとしているということを忘れないでください。

不動産投資の表面利回りの求め方

● 表面利回りを求める計算式

$$表面利回り(\%) = \frac{毎月の家賃 \times 12ヵ月分}{不動産の購入価格} \times 100$$

（例）家賃8万円（年間賃料96万円）、
不動産価格2,000万円の場合

$$\frac{96万円}{2,000万円} \times 100 = 4.8\%（表面利回り）$$

東京都心の相場は、
表面利回りで５％前後。
利回りの高い物件ほど、
投資のリスクは高くなる

現在、東京都心部の中古ワンルームマンションの表面利回りは、5％前後になっています。

リスクが異なるので、単純比較はできませんが、たとえば個人向け国債の現状の利回りは年利0・05％ですから、5％の100分の1しかありません。

不動産投資の中で最も手堅い都心・中古・ワンルームマンション投資でも、**金融商品と比較して、圧倒的なリターンが期待できる**のです。

東京五輪後も都心の人口増加は続く

不動産業界では、「2020年の東京五輪後は不動産の市況が悪化する」という見方が広がっています。

五輪開催のために、各競技場の建設や、道路をはじめとしたさまざまなインフラの整備が必要です。

それが一段落すれば、景気の減速は避けられず、不動産価格の下落に波及するというわけです。

東京五輪後も、たしかにオフィス賃料などは供給過剰懸念もあることから、景気減速の影響を受ける可能性はあります。

また、五輪を想定して投資資金が集中した競技場の周辺地域では、不動産価格が下落することも十分考えられます。すでに、本来の価値以上に価格が押し上げられているからです。

しかし、五輪が終われば、東京の不動産価格が下落するという見方は、短絡的な見方だといわざるをえません。

なぜなら、**東京への一極集中は、東京五輪と関係なく、2020年以降も続く**と予想されるからです。

東京にはまだまだ大型の再開発計画が目白押しです。

渋谷駅周辺や八重洲2丁目、虎ノ門、八重洲1丁目、大手町の常盤橋街区といった中心部の再開発が計画されています。

また、山手線の30番目の駅となる新駅が品川駅と田町駅の間にできるという計画もありますし、ここ数年続いた大学キャンパスの都心回帰の動きも、しばらく続き

東京都心部のおもな再開発計画

事業名称	完成予定時期	開発予定面積
大手町2丁目再開発事業	2018年	2万0,000㎡
日本橋2丁目再開発事業	2019年	2万6,000㎡
四谷駅前地区再開発事業	2020年	2万4,000㎡
渋谷駅再開発事業	2020年	1万5,300㎡
↓東京五輪以降の再開発		
八重洲2丁目再開発事業	2021年度	1万3,500㎡
春日・後楽園駅前地区再開発事業	2021年	2万4,000㎡
虎ノ門再開発事業	2022年度	7万5,000㎡
八重洲1丁目再開発事業	2024年	1万4,000㎡
西新宿3丁目西地区市街地再開発事業	2026年度	4万6,000㎡
常盤橋街区再開発プロジェクト	2027年	3万1,000㎡

東京五輪が開催される2020年以降も、都心の各地で再開発が継続して行なわれる

出所：各所の資料を基に著者作成

そうです。

したがって、都心への人口流入は、東京五輪後も変わらないと私は考えているのです。

一時的な景気後退や不動産価格の調整があるとしても、それは東京オリンピックによるものではないのです。

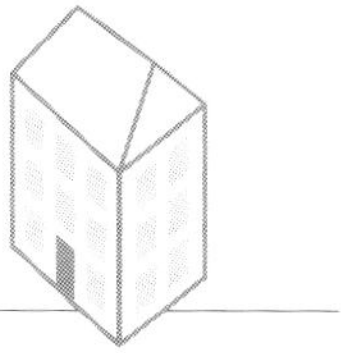

「新築」ではなく「中古」を狙う

投資対象として新築より中古のほうがよい理由は2つあります。

1つ目は、**新築の価格が割高**であることです。

新築マンションの物件価格には、土地代（区分所有分）や建築費といったコストのほかに、開発した業者（＝デベロッパー）の利益や広告宣伝費が上乗せされており、それが物件価格の3割を占めるといわれています。

デベロッパーの利益の中には、新築マンションを販売した営業マンの報酬なども含まれています。つまり、**新築の物件価格は、本来の価値よりも3割程度、**

割高な設定になっているのです。

標準的な賃料が安定的に得られたとしても、当初の物件価格が割高になっているため、リターンが低下してしまいます。

また、何らかの事情で、購入後にすぐに売却することになった場合、1度も住んでいなくても中古物件として扱われるため、売却価格は下がります。

つまり、**新築の物件は、買った瞬間に3割の損失が発生してしまう**のです。

2つ目の理由は、**中古のほうが、物件の経年劣化による賃料の下落が緩やかである**という点です。

新築は、賃貸するにあたって大きなセールスポイントになります。新築を好む借り手は女性を中心に数多く存在するからです。

したがって、賃料も、部屋の広さなどが同等であれば、周辺の中古物件よりも高く設定できます。

しかし、新築で賃貸ができるタイミングは最初の1回しかありません。

2人目、3人目の借りる人には、当然、新築で賃貸することは不可能です。

賃料に〝下落圧力〟がかかることになります。

三井住友トラスト基礎研究所のデータ（P67を参照）によると、築3～10年のときに、いちばん大きな下落圧力がかかるとされています。

それが、築11～20年になると下落圧力は緩やかになり、築21年以降になると圧力はさらに弱まります。

築21年以降はほとんど下落圧力がなく、賃料は横ばいに近くなります。

この調査には、新築物件の供給状況や、物件の駅からの距離といった賃料に影響を与える要因は反映されていません。

築年数が古い物件は築年数が浅い物件よりも、賃料の下落圧力に対しては強い、といえるのです。

借り手側にとってみると、築年数3年と5年では受ける印象がかなり違ってくるのでしょう。一方、築年数23年と25年では、違いがほとんど感じられなくなるということです。

新築物件は、1回目、2回目くらいまでは強気の賃料が通用するでしょうが、それ以降は、強い下落圧力を受けることになります。

すると、当初の物件価格の割高さがボディブローのように効いてきて、だんだんリターンが悪化していくことになります。

中古であれば、こうした新築のリスクを軽減できるのです。

不動産価値の経年変化

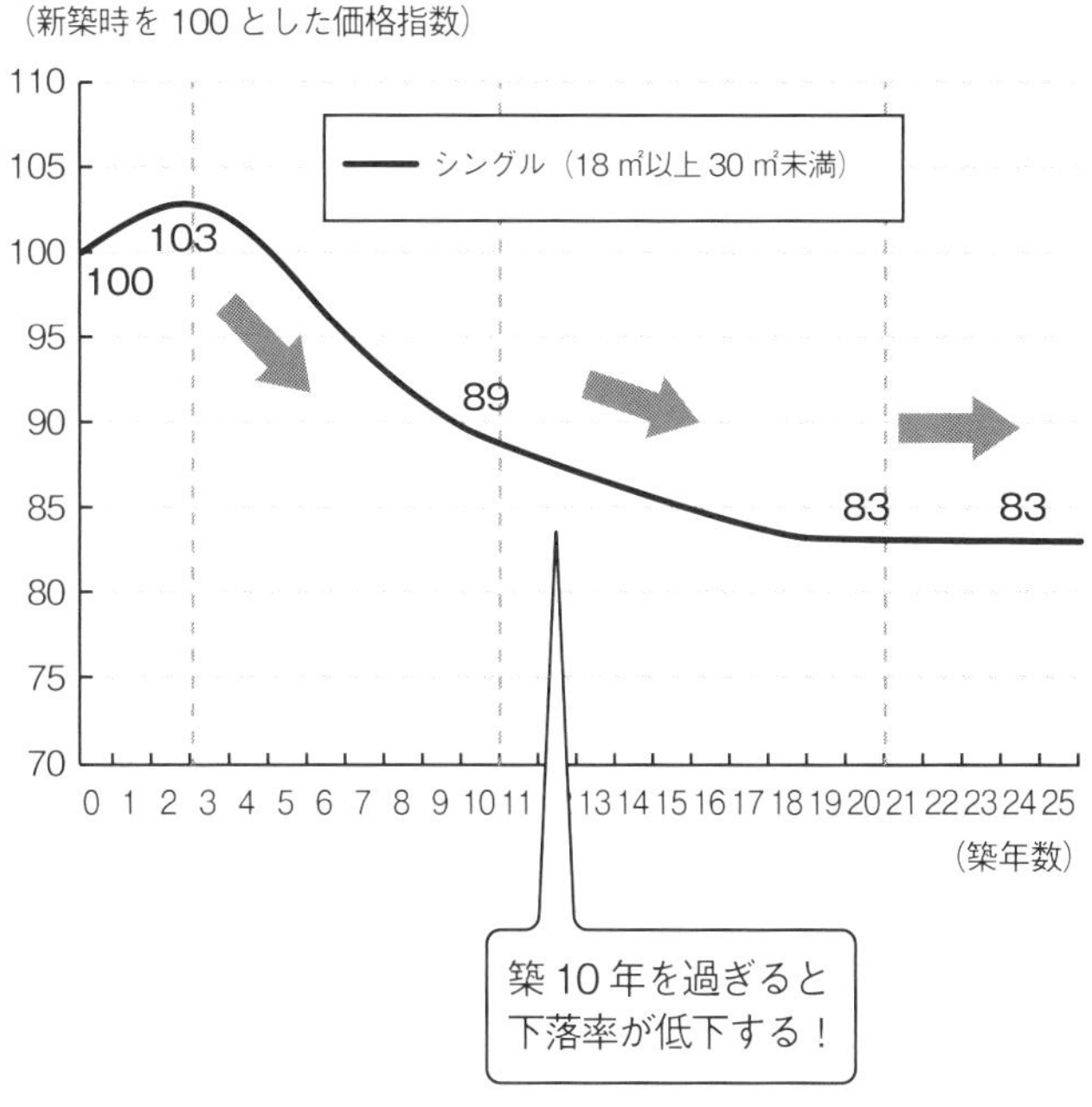

出所：アットホーム株式会社のデータを用いて三井住友トラスト基礎研究所算出したものを基に著者作成
※2001年～2011年の理論賃料指数を築年数ごとに平均した数値

「ファミリータイプ」ではなく「ワンルームマンション」

ファミリータイプとワンルームマンションを比較した場合、投資対象としては後者のほうが有利です。ファミリータイプは、家族で暮らすことになるため、転勤などがない限り転居する可能性が低く、ワンルームマンションに比べて、借り手が長期に住み続けることが多くなります。

ただし、ファミリータイプは、いったん空室になってしまうと、次の借り手が見つかるまでの期間が長期化する傾向があります。

なぜなら、住むかどうかを決めるのは一人ではなく、家族の意見を聞く必要があり意思決定者が多くなるからです。

ワンルームマンションの場合、居住する人が物件を見ないで決めてしまう場合も珍しくありません。

また、ファミリータイプは部屋が広いため、退去後のリフォーム費用も高くなります。エアコンの数も多いことから設備交換の頻度も高くなります。

リフォームにかかる時間も長くなりますから、空室期間が長くなるリスクも高いのです。


さらに、ファミリータイプはマイホームとして購入した人が転勤などで一時的に賃貸に出すケースも多くあります。

マイホームで購入した人たちは、ローンや固定資産税などのコストを賄うために、家賃を下げてでも早く賃貸人を決めようとする傾向があります。

このような競争環境の中で、期待通りのリターンを実現するのは、簡単ではありません。

投資に向いているのは、やはり高稼働になりやすく、メンテナンスコストが低い、立地のよいワンルームマンションなのです。

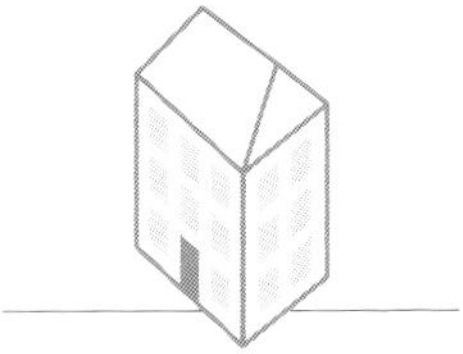

「1棟もの」は初心者にはリスクが大きい

「ワンルームと1棟もの、投資対象としてはどちらがよいのか？」

不動産投資のセミナーで、こういった質問を受けることがよくあります。

私自身、ワンルームマンションへの投資をはじめてしばらくしてから、1棟ものへの投資も行なっています。

1棟ものへの投資は、中古ワンルームと比べると、投資利回りが高くなる傾向があるといわれています。私の経験上からみても、それは間違っていません。割安で優良な物件を見つけられれば、大きな収益機会が得られるでしょう。

しかし、私は、これからはじめる人に1棟ものへの投資はオススメしません。

ワンルームに比べて、リスクが高いからです。

まず、1棟ものの物件価格は、ワンルームよりも高く、多額の投資金額を必要とします。

1つの物件に資金が集中してしまうため、投資の分散効果が薄れます。同じ投資金額で複数のワンルームを保有していれば、どこかの賃貸エリアの環境が悪化したとしても、そのうちの1つがダメージを受けるだけで済みます。

東京近郊に1棟ものを所有していたら、近隣にあった大学が都心に移転してしまい、街から学生がいなくなった結果、空室だらけになってしまったというケースがあります。

また中古の1棟ものでは、購入後に、建物自体のトラブルによって予期せぬ出費が発生することもあります。

1棟ものを所有するということは、建物全体の責任を持つことになるため、支出額は想定以上に膨らむケースが出てきます。修繕計画も自分で立てなければなりません。管理に必要な手間や時間は、ワンルームとは比較にならないでしょう。

さらに、**1棟ものは売却時のリスクが高い**というデメリットもあります。

1棟ものは物件価格が大きいので、買い手を見つけるのは簡単ではありません。しかも、築年数が古くなり、ローンが付きにくくなると、現金で購入してくれる買い手を探すことになり、売却はますます難しくなってしまいます。中古ワンルームの物件価格は低くて流動性も高いので、売却が容易です。

1棟ものへの投資は、少なくとも不動産投資の経験を積んでから、チャレンジすべきです。

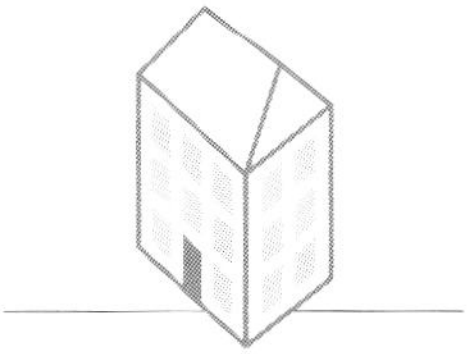

物件選びには「立地」と「建物」が重要

不動産の物件選択のポイントは「立地」と「建物」です。

その中でも立地の選択は極めて重要です。なぜなら、立地は後から変えることができないからです。

また好立地の物件であれば、ある程度建物が劣化したとしても、賃貸ニーズがなくなることはありません。

国内不動産の立地で重要なのは、どのエリアにあるのかと、最寄りの駅からの距離の2つです。

また、治安などの周辺環境も重要です。

建物に関しては、銀行の融資、建物価値の維持といった観点からチェックが必要です。

築年数の古い物件は融資の条件が悪く、せっかく好立地であっても収益性に問題が出る場合があるからです。

また、耐震性に問題がある構造の物件になると、将来の災害リスクが高まります。

2つのポイントについて、次節以降で詳しく見ていきましょう。

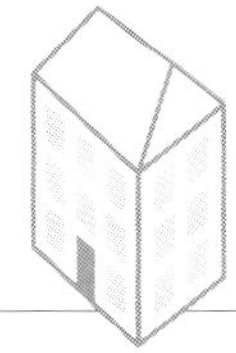

【立地の条件1】東京23区の中で避けるべき区、有望な区

都心の中古ワンルームマンションを前提とすると、投資すべきエリアは東京23区になります。

しかし、23区すべてが投資エリアとなるわけではありません。

ここ数年、人口の増加率が毎年2ケタを記録している千代田区・港区・中央区といった地域と、人口が減少傾向に転じつつある足立区では、投資環境は大きく異なってきます。

では、23区の中から、どこを選択すべきなのでしょうか？

たとえば、中古ワンルーム販売会社が独自の調査で作成した東京23区と周辺エリアのランキングがあります。

Aクラス…千代田区・港区・中央区・新宿区・渋谷区・文京区
Bクラス…目黒区・世田谷区・品川区・大田区
Cクラス…中野区・杉並区・練馬区・豊島区・武蔵野市
Dクラス…板橋区・江東区・台東区・墨田区・三鷹市・横浜市・川崎市
Eクラス…北区・荒川区・足立区・葛飾区・江戸川区
（出所：ブリッジ・シー・エステート）

上位にランキングされている区にある物件ほど、資産としての価値があります。ただし、物件価格は高くなりますので、賃貸に回したときの利回りは低くなり、収益性は低下することになります。

反対に、ランキングが低い区の物件は、資産としての価値は劣りますが、物件価格は安くなります。

そのため、賃貸したときの利回りが相対的に高まり、収益性は上昇します。

実際に投資するならば、やはり資産としての価値を考慮し、Aクラスにランキン

東京23区の人口増減数と増加率ランキング（2010～2015年の合計）

人口の増減数ランキング

	区	増減数（人）
1位	港区	38,152
2位	江東区	37,290
3位	世田谷区	26,208
4位	板橋区	26,092
5位	大田区	23,709
6位	台東区	22,145
7位	品川区	21,553
8位	渋谷区	20,041
9位	中央区	18,421
10位	杉並区	14,428
11位	中野区	13,465
12位	文京区	13,098
13位	千代田区	11,291
14位	目黒区	9,292
15位	荒川区	8,968
16位	墨田区	8,668
17位	新宿区	7,251
18位	豊島区	6,489
19位	練馬区	5,598
20位	北区	5,532
21位	江戸川区	2,331
22位	葛飾区	327
23位	足立区	－13,304

人口の増加率ランキング

	区	増減率（%）
1位	千代田区	23.96
2位	港区	18.60
3位	中央区	15.01
4位	台東区	12.59
5位	渋谷区	9.80
6位	江東区	8.09
7位	文京区	6.34
8位	品川区	5.90
9位	板橋区	4.87
10位	荒川区	4.41
11位	中野区	4.28
12位	墨田区	3.50
13位	目黒区	3.46
14位	大田区	3.42
15位	世田谷区	2.99
16位	杉並区	2.63
17位	豊島区	2.28
18位	新宿区	2.22
19位	北区	1.65
20位	練馬区	0.78
21位	江戸川区	0.34
22位	葛飾区	0.07
23位	足立区	－1.95

出所：『平成27国勢調査 人口等基本集計結果』

グされている**千代田区・港区・中央区・新宿区・渋谷区・文京区の「都心6区」**になるでしょう。

このエリアは、若年層の単身者が住みたいと思っている駅がたくさんあり、エリア自体がブランド化しています。

空室リスクは格段に低く、入居者が退去してから次の入居者が入るまでの空室期間も非常に短期間で済みます。まず狙うべきエリアといえます。

Bクラスの目黒区・世田谷区・品川区・大田区の「都心10区」に該当する地域も、近年、人気が高まっているエリアです。

山手線の目黒駅から品川駅で結ばれるラインの南西に位置する区で、城南地区と呼ばれています。

ただ、Aランクと比較すると空室リスクは少しだけ高くなります。

リスクとリターンのバランスを考えながらエリアを選択することが重要です。

また、都心の物件ならすべてOKとは限りません。

重要なのは**最寄り駅からの距離**です。

（ポイント3）で挙げたように、目安は「駅から徒歩10分内である」ことです。

ワンルームマンションの入居者である若年層は利便性を重視するため、駅から遠くなってしまうと、賃貸の需要が下がってしまうのです。

ただし、最寄り駅が、山手線のターミナル駅である渋谷・新宿・品川だったり、恵比寿・中目黒・三軒茶屋といった、若年層の人気が非常に高い駅であったりする場合は、10分を超えても問題ありません。

不動産投資が初めての人は、「最寄り駅から徒歩10分以内」で物件を選べば失敗の確率を下げることができます。

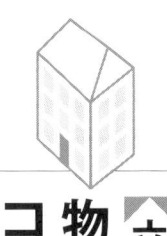

立地の条件2

物件の周辺環境はココをチェックしなさい

人気のあるエリアで、最寄り駅から近い物件でも、周辺の環境が悪いと空室リスクは高まります。

たとえば、駅や繁華街に近すぎて、電車の音や振動が激しい、騒音がうるさいといったケースです。

幹線道路や高速道路に近い物件だと、深夜も騒音が続くことになります。

また、女性は、駅からの帰宅ルートに治安の悪い場所を通ることを嫌いますので、帰宅ルートの確認もしておくべきでしょう。

ただし、最近は、防音性に優れた二重サッシの窓が普及しつつあります。騒音が問題になるような環境であっても、しっかりとした防音対策がとられている物件ならば、問題はないといえます。

一方、住環境が良い物件というのは、まず、買い物ができるスーパーやコンビニが近くにあることです。

特に、深夜帯でも営業しているスーパーがあれば、単身者にとって大きなメリットになるでしょう。

加えて、100円ショップやクリーニング店、ファストフードの店舗、さらに公共の施設が近隣に存在すると、物件の魅力はさらにアップします。

ただし、これらの店舗は、都心の駅近の物件にはたいてい揃っていると思われます。

したがって、先に挙げた周辺環境を悪くする要因のほうをシビアにチェックすべきでしょう。

建物の条件１

「1981年以降」の建築かどうかを確認

次に、物件選びで重要な条件となるもう1つの要素、「建物」について解説していきます。

建物というと、まず外装、そして内装に目がいくと思いますが、それよりも前にチェックすべきポイントがあります。

それは、**築年数**です。

1981年以降に建築されているかどうかを確認するようにしてください。

理由は、（ポイント2）として挙げたように、1981年（昭和56年）6月1日以降に建築確認を受けて着工されている物件であれば、「新耐震基準」をクリアしているからです。

新耐震基準は、震度6強～7程度の揺れでも倒壊しないような構造の基準です。一見、震度5まで耐えられる旧耐震基準と、あまり差がないようにみえますが、大きな違いが存在します。

震度6以上の地震は、想定しておかなければなりません。

実際、2016年6月に熊本県で起きた熊本地震では、震度6弱以上の地震が頻発しました。

その結果、熊本市内の旧耐震基準で建設されたマンションの中には倒壊するものがあった一方、新耐震基準で建築されたマンションは、倒壊しなかったのです。

地震による倒壊でマンションを失ってしまうリスクを防ぐために、投資対象は新耐震基準で設計された物件にしましょう。

ただし、ここが少しややこしい点ではあるのですが、築年数が1981年なら大丈夫かというと、必ずしもそうではありません。

１９８１年に着工された建物の中には、旧耐震基準で設計されたものが混じっているのです。


通常、建物は建築確認を受けた後、着工されます。

規模の大きなマンションであれば、着工してから完成までにある程度の期間を要するので、１９８２年、１９８３年に完成した物件であっても、１９８１年6月以前に建築確認を受けた旧耐震基準の建物になっている可能性があります。


そのため、**確実に安心できる築年数は、１９８５年以降**になるでしょう。

１９８１～１９８４年の物件を検討することになった場合は、新耐震基準であることを確認して購入するようにして下さい。

築年数は銀行の審査にも影響する

建物の条件として築年数が重要になるのは、耐震基準の問題だけではありません。住宅ローンを融資する銀行の審査にも大きな影響が出ます。

たとえば、ソニー銀行の場合、築15年までの物件だと、最長の35年のローンを組むことができます。

しかし、**築15年を超えると、築年数が1年増えるごとに借入期間は1年ずつ短縮されてしまいます。**

築20年の物件は5年オーバーしているので、借入期間30年までのローンしか組めません。

オリックス銀行の場合、中古物件に対する融資は、45年から築年数を差し引いた年数が最長のローン期間となります（築10年までは最長期間はすべて35年）。

したがって、築15年の物件だとローンの借入期間は30年が最長になり、築20年だとローンは25年が最長となります。

また、築年数がローンの借入期間に影響を与えるという問題は、将来、物件を売却するときにも関わってきます。

築15年の物件を購入して、10年後に売却しようとした場合、売却先の買い手は築25年の物件を購入することになります。

築年数が古くなると、今度は次の買い手が借りるローンに、大きな制約が出てくることになります。

築年数が古くなるほど、マンションの売買における流動性が低くなる、という点には注意が必要でしょう。

最近、築年数が40年を超えている旧耐震基準で建築されたマンションをリノベーションして販売している不動産会社を見かけるようになりました。

旧耐震基準なので物件価格は割安、しかも、1990年代のバブル期以前に建築されたために、青山や赤坂といった、都心の一等地に立地している物件がけっこうあります。

しかし、そうした物件は、不動産投資の経験が浅い人は手を出すべきではありません。

地震に対する安全性のリスクは大きく、ローンの制約は無視できないからです。

築年数が古い物件は魅力的に映ることもあるでしょうが、不動産投資中上級者向けであることを理解しておきましょう。

【建物の条件❷】

修繕積立金をチェックする

修繕積立金の状況も物件選択の条件に入ります。

修繕積立金とは、将来の建物の大規模修繕などに備えて、毎月、所有者が積み立てておくお金のことです。

修繕積立金がきちんと積み立てされていないと、大規模修繕がスムーズに行えなくなり、物件の資産価値を維持できなくなる可能性があります。

目安として、総戸数が30~40戸程度で、大規模修繕を行なっていない建物であれば、築年数が10年になった時点で、全体で８００万円程度の積立金が望ましい水準になります。総戸数40戸なら、１戸あたりの積立金は約20万円になります。

物件の修繕積立金の残高と、建物のこれまでの修繕工事の状況、今後の予定などを物件購入の前にしっかり確認しておきましょう。

第4章

99%成功するために知っておきたい賢いローンの借り方

ローンの借り方も不動産投資の成否を大きく分ける

不動産投資の収益性に大きな影響を及ぼすのがローンの借り方です。

ただ、読者のみなさんの中には、ローンの借り方というと、「固定金利にするか、変動金利にするかを決めるだけなのでは？」といった程度に考えている人も少なくないと思います。

じつは、**投資用不動産に対するローンと、個人の居住用不動産に対するローンでは、ローンの金利や、金融機関の審査基準が異なります。**

そして、**投資用不動産のローンは、金融機関によって設定する条件が大きく異なります。**

そうした、さまざまな違いを理解した上で、効率的なリターンを得られるローンを組むことが重要になるのです。

そこで本章では、投資用ローンと自宅用ローンの違いから始まり、金融機関のローン審査の内容、マンションの販売会社が金融機関と提携した「提携ローン」について、変動金利と固定金利はどちらを借りるべきか、などを取り上げます。

また、ローン期間をどうするか、物件価格に対してどのくらいの比率で借り入れるかもポイントになります。

ローンの借り方が、不動産投資の成功のカギを握っているのです。

自宅用ローンと投資用ローンの違い

自宅用ローン（いわゆる住宅ローン）と投資用ローンの最も大きな違いは、**誰が返済するか**です。

住宅ローンを返済する原資は、借入れする人が働いて得る収入になります。

投資用ローンの場合は、投資先の不動産から得られる家賃収入が返済の原資になります。

また、現在、住宅ローンの金利は変動型で0・6〜0・8%といった水準です。**投資用ローンはそれよりも高く、1%台後半から2%台半ば**になっています。投資用ローンは、金融機関によってバラつきがあります。

本書で投資対象としている都心・中古・ワンルームマンションには住宅ローンは使えません。住宅ローンは自分が住むことが前提のローンですし、30平米以上の広さがないと融資対象にならないからです。

低金利の住宅ローンで投資用不動産を購入し、それをしばらく経ってから賃貸物件に転用しようと考える人がいますが、やめたほうがよいと思います。

住宅ローンで購入できる物件は賃貸ニーズが強いとは限らず、空室リスクが高まります。何より、住宅ローンで不動産投資をやっていることが金融機関に発覚すれば、今後の融資が受けられなくなることにもなりかねないからです。

不動産投資は投資用のローンを利用して行うべきです。

金融機関はローン審査でココを見る

返済原資の違いによって、住宅ローンと投資用ローンでは、金融機関が審査するポイントも変わってきます。

住宅ローンの審査は、なんといっても個人の信用力を重視します。

具体的には、勤務先、勤続年数、年収（給料）に加え、現在までの債務の履歴（債務の金額、延滞などがあるかどうか）などの信用情報が審査の対象となります。

借りる人（＝債務者）が自営業者の場合、事業の状況を把握するため、確定申告書や経営する会社の決算書などの提出が必要になってきます。

返済原資は給与収入ですから、勤務先や収入、他に借金があるかどうかといったことが重視されることになるのです。

投資用ローンの審査では、住宅ローンと同じように個人の信用力も重視されますが、返済原資が家賃収入となるため、**個人の信用力と合わせて、投資先の不動産の収益力と担保力が重要になってきます。**

空室リスクが低く、安定的な家賃収入が見込めると判断できる物件なら、収益が安定し、ローンの返済が滞る可能性は低くなります。

さらに、立地および建物が良い物件であれば、資産としての価値が上がるのでローンの担保としては高く評価されることになります。

逆に、**収益性が低く、担保力も小さい物件だと金融機関が判断すれば、融資を申し込んだ人の信用力が高くても、審査が通りにくくなります。**

また、個人の信用力の基準も住宅ローンと投資用ローンでは変わってきます。

住宅ローンの場合、物件価格にもよりますが、年収300万円台でも、勤続年数が一定以上あれば、融資の審査が通るのが通常です。

しかし、投資用ローンでは住宅ローンより高い年収基準に満たないと融資が通らないケースがあります。

金融機関にもよりますが、最低でも400万円から500万円程度の年収が必要です。

積極的に利用したい「提携ローン」

不動産販売会社の中には、投資用ローンとして**「提携ローン」**を提供しているところもあります。

提携ローンとは、**不動産販売会社が金融機関と提携して用意している、特別な条件のローン**のことです。

提携ローンは、他の投資用ローンに比べて、借入金利が低く設定されている点が大きな特長で、他の融資条件も借り手側にとって有利な内容になっています。利用ができる場合は、積極的に活用すべきです。

提携ローンがある不動産販売会社は、金融機関から会社としての信用力を評価されているといっていいでしょう。

提携ローンを提供するためには、不動産販売会社自体が金融機関から審査を受けることになるからです。

販売個数の実績、物件に対する審査能力、業績の動向など、不動産販売会社としての実力をチェックされ、審査をクリアしないと、提携ローンは提供されません。

また、提携ローンが使える物件は、不動産販売会社が事前に金融機関に照会して、金融機関が物件の収益性、担保力を評価しているものに限られます。

そのため、低い金利の設定など、借り手を優遇することができるわけです。

提携ローンが使えるということは、投資家からすれば、安心できる物件といえるのです。

中古ワンルーム会社の提携ローン例

金融機関名	ローンの特徴
ジャックス	団体信用生命保険＋８大疾病付き（ガン、脳卒中、急性心筋梗塞、高血圧症、糖尿病、慢性腎不全、肝硬変、慢性膵炎）。
ソニー銀行	インターネットバンキング。繰上返済手数料は無料で、１万円以上１円単位で可能。
イオン 住宅ローンサービス	年収500万円以上が対象。事務手数料は融資額の２%。
オリックス銀行	自己資金20%以上で年▲0.1%の金利優遇。自己資金30%以上では年▲0.2%優遇。
りそな銀行	頭金は10%以上。返済年数は40年から建物の築年数を差し引いたものが上限となる。
SBJ銀行	一定の条件のもと、借り入れの上限枠が他社よりも大きい。自営業者も借り入れ可能。
日本政策金融公庫	若者、女性、シニアには融資条件を優遇。ある程度の自己資金は必要だが、借り入れはしやすい。

2017年10月末現在
出所：各所の資料を基に著者作成

「金利上昇リスク」はじつは、それほど高くない

返済期間を長期化することにはデメリットもあります。

デメリットの1つ目は、返済期間が長くなるほど、支払う金利が多くなってしまうことです。2つ目は、将来的に借入金利が上昇するリスクが高くなることです。

しかし、支払う金利が多くなるデメリットは、**キャッシュフローを黒字化するメリットがあれば、十分カバーできる**と考えられます。

たしかに、金利上昇リスクは高まりますが、実際の影響はそれほど大きくはありません。

左の表は、借入金額3000万円、借入期間30年のローンを組んだとき、5年後に金利が上昇したときの返済額に与える影響をシミュレーションしたものです。

5年後に金利が上昇したときの返済額に与える影響のシミュレーション

※借入金額3,000万円、金利1.5%で30年ローンを組んだ場合

	金利が変わらない場合	5年後に**1%**上昇	5年後に**3%**上昇	5年後に**5%**上昇
借入金利	1.50%	2.50%	4.50%	6.50%
毎月返済額	6万1,236円	7万108円	8万9,904円	11万2,152円
年間返済額	73万4,832円	84万1,296円	107万8,848円	134万5,824円
総返済額	2,571万9,333円	2,891万3,275円	3,603万9,638円	4,404万8,402円
5年後の増加分＜毎月返済額＞	−	8,872円	2万8,668円	5万916円
5年後の増加分＜年間返済額＞	−	10万6,464円	34万4,016円	61万992円
5年後の増加分＜総返済額＞	−	319万3,942円	1,032万305円	1,832万9,069円

出所：ブリッジ・シー・エステート

5年後に借入金利が1%上昇して2.50%になったとしても、毎月返済額は8,872円しか増えず、総返済額も319万3,942円しか増えない

1・5%の金利で借り入れて、それが5年後に2・5%に上昇しても、月々の返済額は6万1236円から7万108円と8872円しか増えません。

また、5年後に4・5%になったとしても、返済額は8万9904円、増額分は2万8668円です。

当初借入金利1・5%の3倍の金利になっても、返済額は3倍になることはありません。約45%増といったところです、

これは5年後に金利が上昇したときのシミュレーションなので、10年後に上昇した場合だと、返済が進んで、借入残高が減っているので、返済額の増加分はさらに少なくなります。

金利上昇リスクの影響は意外に小さいことがわかります。

変動金利の「変動」の仕組みに注意する

変動金利で借りる場合、チェックすべきポイントがあります。
それは、金利がなにに連動して変動するのかという、金利の仕組みを理解しておくことです。

変動金利が連動するものは、2種類あります。
1つめは、短期金利、2つめは、長期金利です。

短期金利の場合、日銀の金融政策で決まります。
長期金利は、国債の利回りによって決まります。国債価格が下落すれば、国債の金利は上昇するので、長期金利も連動して上がっていくことになります。

現在の日本経済を考慮すると、今後、短期間のうちに、日銀が現状のマイナス金利政策を変更して、金利を引き上げる方向に転換することは、想定しにくいといえます。

したがって、変動金利で借りる場合、国債価格に左右される長期金利より短期金利に連動するほうが望ましいと考えられます。

もし金利を引き上げることになっても、極めてゆっくりとしたペースになるのではないでしょうか。

繰り上げ返済のメリット

変動金利で長期ローンを組むと、その間、金利上昇リスクにさらされることになります。

金利上昇リスクが不安だという人には、**繰り上げ返済を積極的に行なうことをオススメ**します。

繰り上げ返済をすると、その分、**ローン残高を減らせるので、結果的に金利上昇リスクを低下させる**ことになります。

また、借入金利が2％の場合、繰り上げ返済をして残高を減らすことは、2％で資産運用を行なうことに等しいといえます。

現在、確実に2％の利回りが得られる金融商品は存在しないので、非常に有利な運用ができることになります。

いまは、**手数料無料で少額からでも繰り上げ返済を受け入れてくれる金融機関が増えています**。

ただし、繰り上げ返済をすると、手元資金は減ってしまいます。

リスクとの兼ね合いになりますが、資産を拡大したい人は、あえて繰り上げ返済をせず、次の物件の頭金を手元に残しておくという選択肢も比較検討しておきましょう。

相続税対策としての不動産投資

ワンルームマンションへの投資は相続税対策としても有効です。

不動産の相続税評価額は時価よりも低くなるからです。

不動産にかかる相続税は土地と建物に分けて計算されます。

ワンルームマンションの場合、土地部分は全体の敷地を専有面積によって持ち分を計算することになります。

建物は区分所有している部分を評価します。

相続税の計算に使われる土地の評価は、路線価方式が用いられます。

ほとんどのケースで、路線価は実勢価格よりも低くなるため、相続税評価額を引き下げる効果があります。

建物は、固定資産税評価額での評価となり、建築費の50〜70％程度になります。通常、この段階で、現金に比べて、ワンルームマンションの評価額は20〜30％程度低くなるようです。

たとえば、2000万円の現金を保有していると すると、相続税評価額は2000万円のままですが、時価2000万円の中古ワンルームマンションであれば、1400〜1600万円が相続税評価額となり、400〜600万円程度、引き下げることができます。

そして、購入したマンションを賃貸に回すと、さらに評価額を下げることができます。

他人に貸し出すと、借り主に借家権や借地権が発生して、その分が評価額から控除されるからです。

物件によって、また、物件が存在する地域によって変わってきますが、ワンルームマンションを賃貸にすると、相続税評価額は時価の3割以下にまで引き下げることができるケースもあります。

時価2000万円の中古ワンルームマンションであれば評価額は600万円以下です。

なお、不動産が相続税の評価で、時価よりも低く算定されたからといって、不動産の価値が変わるわけではありません。

時価2000万円のマンションが、相続税評価で600万円になっても、時価は2000万円のままです。

相続した人がその物件を売却すれば、時価の2000万円で売却できるでしょう。

シニア世代の方にこのようなお話をすると、

「高齢のため、金融機関から投資用マンションの融資を受けることは難しい」というご指摘を受けることがあります。

預貯金や株式などの金融資産がある場合、ローンの借り入れはせず、現金で購入する手もあります。

現金で購入したとしても、相続税対策として、不動産投資は大きなメリットをもたらすのです。

第5章

中古ワンルーム投資は実際にどれくらい儲かる？

収支のシミュレーションをしてみよう

本章では、これまで紹介してきた投資ノウハウで実際に不動産投資を行なったら、収支はどうなるかを詳しく解説していきたいと思います。第5章全体が、収支のシミュレーションになっていると考えてください。

これまで、おもにインフレ対策の面で、不動産投資で資金を借り入れることのメリットを述べてきました。

そこで本章で、資産を借り入れるというレバレッジが、金融商品への投資よりも大きな優位性を持つことを解説します。

不動産投資には、**「目に見える資産拡大額」**と**「目に見えない資産拡大額」**

があり、金融商品では得られない収益を挙げることができるのです。

また、「目に見えない資産拡大額」によって、将来、物件価格の値下がりが生じても、トータルの収支が安定していることを示します。

さらに、収支のシミュレーションをする上で欠かせない、不動産投資のリスクについてもとりあげました。部屋の内装の費用や、エアコンなどの設備にかかる費用について、具体的な金額を出しています。

そして、最後は、不動産投資を継続すると、新たな収益チャンスが生まれる可能性があることを述べています。

都心の中古ワンルームマンションは、最終的に物件をどうするのかという〝出口戦略〟においても選択の幅があり、有利になることがわかるでしょう。

では、さっそくシミュレーションをしていきましょう。

仮に、都心で駅近のワンルームマンションの物件が見つかったとします。

物件価格は２０２０万円です。自己資金は70万円を用意しました。自己資金の70万円のうち、10万円はローンの頭金として使います。残りの60万円は、購入時に必要となる諸経費にあてます。

ローンの条件は、借入金額は物件価格から頭金をのぞいた2010万円で、ほぼフルローンの状態です。

借入金利は1・85％の変動金利型です。借入期間が35年の場合、毎月の返済額は、6万5047円になります。

次に、購入した物件の収益を見てみます。

家賃収入は8万7000円、支出は管理費5330円、修繕積立金3650円、マンションの管理代行費3240円です。すると月額の手取り収入は、7万4780円になります。1年間では、89万7360円になります。

年間の家賃収入104万4000円を物件価格2020万円で割った表面利回りは、5・17％になります。また、年間の手取り収入89万7360円を物件価格で割った手取り利回りは、4・44％です。このように、手取り利回りは、表面利回りから1％程度、低下します。

都心・中古・ワンルーム投資の基本的な収支内容

【購入条件】

物件価格2,020万円
- 自己資金　70万円　（諸経費：60万円、頭金10万円）
- 借入金額　2,010万円
- 借入金利　1.85％　（変動金利型）
- 借入期間　35年

毎月返済額　6万5,047円

【資金収支表】

〈収入〉
家賃収入　8万7,000円（年間104万4,000円）
〈支出〉
管理費　5,330円
修繕積立金　3,650円
管理代行費　3,240円
〈収支〉
月間手取り収入＝7万4,780円
（家賃収入－管理費－修繕積立金－管理代行費）
年間手取り収入＝89万7,360円（月間手取り収入×12か月）

表面利回り　5.17％

（＝年間家賃収入104万4,000円÷物件価格2,020万円）

手取り利回り4.44％

（＝年間手取り収入89万7,360円÷物件価格2,020万円）

※手取り利回りは、表面利回りよりも１％程度低下する

出所：日本財託セミナー資料

「目に見える資産拡大額」と「目に見えない資産拡大額」とはなにか？

前述のケースで、収支を計算してみましょう。

月額の手取り収入は、7万4780円で、ローン返済額が6万5047円なので、月額の収支は9733円です。1年間で11万6796円の黒字になります。

ただし、この1年間のキャッシュフローである11万6796円がまるまる収入になるわけではありません。

物件には固定資産税がかかります。これを概算で5万円とします。

すると、1年間の実質的な手取り金額は、6万6796円となります。

物件価格2020万円から計算した利回りは0・3％となります。かなり低いという印象を持つかもしれません。

しかし、もともとの自己資金は70万円なので、そこから計算した利回りは9・5％になります。

ローンを借り入れているリスクや、空室リスクはあるものの、借入れを活用することで、金融資産に比べ、はるかに高い収益が実現できるのです。

1年間の実質的な手取り額6万6796円は**「目に見える資産拡大額」**です。現金として手元に残る収益です。

それに対して、不動産投資には**「目に見えない資産拡大額」**も存在します。

それは、現金として手にすることはできませんが、資産として蓄積されていくものです。

「目に見えない資産拡大額」の効果は大きい

左の表のように元利均等返済していくと、元本比率が高まり利息が少しずつ減っているのがわかります。

目に見えない資産拡大額とは、この元本充当額のことです。

ローンの1回目の返済の元本充当額は3万4059円です。

2回目は3万4112円、3回目は3万4165円となっていき、1年後の12回目は3万4642円になります。

そして、この1年間を合計すると、41万2197円になります。

これが、1年間で得られる「目に見えない資産拡大額」になります。

返済が進み、終了すると、その物件は自分の資産になるわけですから、「元本返

ローンの利息と元本充当額の推移

ローン支払い回数	ローン残高	返済金額		
			利息	元本充当額
1ヵ月目	2,010万円	6万5,047円	3万988円	3万4,059円
2ヵ月目	2,006万5,941円	6万5,047円	3万935円	3万4,112円
3ヵ月目	2,003万1,829円	6万5,047円	3万882円	3万4,165円
4ヵ月目	1,999万7,664円	6万5,047円	3万830円	3万4,217円
5ヵ月目	1,996万3,447円	6万5,047円	3万777円	3万4,270円
6ヵ月目	1,992万9,177円	6万5,047円	3万724円	3万4,323円
7ヵ月目	1,989万4,854円	6万5,047円	3万671円	3万4,376円
8ヵ月目	1,986万0,478円	6万5,047円	3万618円	3万4,429円
9ヵ月目	1,982万6,049円	6万5,047円	3万565円	3万4,482円
10ヵ月目	1,979万1,568円	6万5,047円	3万512円	3万4,535円
11ヵ月目	1,975万7,033円	6万5,047円	3万459円	3万4,588円
12ヵ月目	1,972万2,444円	6万5,047円	3万405円	3万4,642円
			合計	41万2,197円

目に見えない資産拡大額 →

返済が進むごとに、少しずつ利息は減り、返済金額から元本の返済に回る金額（＝元本充当額）は増えていく。P117のローンの場合、最初の1年間の元本充当額の合計は41万2,197円で、これが「目に見えない資産拡大額」となる

出所：日本財託セミナー資料

済＝資産の拡大」といえます。

今回のケースでは、1年目で、目に見える資産拡大額6万6796円、目に見えない資産拡大額41万2197円が発生するので、合計の資産拡大額は47万8993円となります。

2年目以降は、返済額が変わらなくても、利息が減り、元本充当額が増えるため、目に見える資産拡大額は、さらに増加していくことになります。

このように、不動産投資は、じつは目に見えない資産拡大額が大きいのです。

ワンルームマンション投資と金融商品の積み立ての比較

金融商品の積み立てを使って資産運用をやっている人も多いと思います。

そこで、不動産を使って、同じように積み立てをしたらどうなるかを比較してみます。

単純化した例で計算してみます。

たとえば、２０００万円の借入を15年、金利１・５％で行なうと、毎月の返済金額は約12万５０００円になります。

２０００万円の都心中古ワンルーム物件の手数料を差し引いた手取りの利回りが４・５％とすると、毎月の家賃収入は７万５０００円です。

このまま金利も上昇しないで、空室にもならず、家賃が変わらなかったと仮定すると、家賃と返済金額の差である毎月5万円が持ち出しになります。これは毎月5万円の積み立てをしているのと同じことになります。

そして、15年後にはローン返済が終了します。15年間で支払っている金額は毎月5万円で180か月（＝15年）ですから900万円になります。

毎月5万円の積み立てで15年間経つと、2000万円の物件が手に入ることになります。

ただし、築年数は15年経過していますから、将来の価格は下がっているかもしれません。どこまで下がっているかによってリターンは変わってきます。

では、同じように毎月5万円を、金融商品で積み立てしたらどうなるでしょうか。

投資金額は、15年で同じように900万円になります。

積み立て金額は想定する利回りによって変わってきます。

年利1%なら　970万円（70万円の利益）
年利3%なら　1134万円（234万円の利益）
年利5%なら　1336万円（436万円の利益）

15年間ずっと年利5%で運用することは、現在の金融環境では不可能です。

3%だとしても、かなり有利な運用といえますが、この場合、資産は1134万円にしか増えません。


不動産の場合、もし15年後に2000万円の物件が30%下がっていたとしても1400万円です。

金融商品を使って、年利5%で運用しているより、資産額は大きくなることがわかります。

もし、物件価格が半値まで下がって1000万円になったとしても、投資金額900万円に対してはプラスです。

不動産投資の例は、わかりやすくするために条件を単純化していますが、借入を活用した不動産投資の優位性が理解できると思います。

中古ワンルーム投資と金融資産の積み立て投資はどちらが儲かる?

2000万円のマンションを15年間所有する場合		毎月5万円で金融商品を15年間積み立て投資した場合
投下資金　900万円		**投下資金　900万円**
・物件価格　2,000万円（→1,100万円の儲け）		・年利1％　970万円（→70万円の儲け）
・物件価格　1,700万円（→800万円の儲け）		・年利3％　1,134万円（→234万円の儲け）
・物件価格　1,400万円（→500万円の儲け）	＞	**・年利5％　1,336万円（→436万円の儲け）**

↓

2,000万円で購入したマンションが、15年後に1,400万円（30%ダウン）になったとしても、年利5%の金融商品を積み立て投資するよりお得！

不動産投資の経費はすべて予測可能

シミュレーションの最後に、これまで考慮してこなかった、不動産投資の経費（＝コスト）について説明しておきます。

不動産投資をすると、内装のメンテナンスや設備の交換など、さまざまなコストがかかります。それらをすべて明らかにしたいと思います。

まずは内装の費用です。入居者が替わるたびに内装は新しくします。

具体的には、ルームクリーニングやクロスの張替え、フローリング床のワックスなどのことで、左の表は各項目についての標準的な費用です。

表でわかるように、標準的な内装費用の合計は約12万円程度です。

都心・中古・ワンルームマンションにかかるおもなコスト

(コスト1)一般的な内装工事(面積19.60㎡、床:フローリング)

内装工事の内容	金額
ルームクリーニング	2万4,000円
クロスの張替え(壁面)	3万7,440円
クロスの張替え(天井)	1万6,380円
フローリングワックス	4,000円
ユニットバス換気扇交換	2万5,000円
網戸張替え	4,000円
合計	11万820円

(コスト2)耐久消費財(エアコンと給湯器の費用)

室内設備	交換費用	交換の目安
エアコン	8万7,264円 (工事費込み)	10~15年に1回
給湯器	10万7,352円 (工事費込み)	10~15年に1回

出所:日本財託セミナー資料

ただし、全額をオーナーが負担するわけではありません。

都内の賃貸契約であれば、入居者の敷金1か月分を、内装工事の費用に充当することになっているケースがほとんどです（「敷金1か月償却ルール」）。

家賃が8万円であれば、敷金1か月分も8万円ですので、12万円のうち8万円は入居者が負担してくれることになります。

したがって、オーナーの持ち出し分は約4万円になります（最近は、敷金があまるケースも増えています。余った敷金はオーナーに返金されます）。

次は、エアコンと給湯器の交換にかかる費用です。

故障や寿命によってオーナー負担で交換しなければならない耐久消費財がいくつかありますが、この2つは特にお金がかかります。

10年保証を付けると、エアコンの本体価格や工事費などの合計は約9万円となります。給湯器は約11万円になります。

いずれも、交換の目安としては10～15年に1回といったところ。したがって、早ければ10年に1回は交換になる可能性があります。

内装工事やエアコンの交換にかかる費用は、シミュレーションでは考慮してなかったのですが、いずれもキャッシュフローの黒字分で吸収が可能と考えられます。たとえば、内装工事費は、賃貸の更新時期である2年に1回発生するとすれば、年間の負担は2万円程度です。

また、エアコンと給湯器は合計すると約20万円ですが、10年に一度、交換するとしても、年間では2万円の負担になります。

以上、合計すると約4万円です。これは、単身者向けのワンルームマンションだからこそのコストの安さといえます。キャッシュフローで十分カバーできる範囲でしょう。

このように、不動産投資にかかるコストは、予測可能です。いつ、どれくらいの費用が発生するということが事前にわかっていれば、準備ができます。金融商品の場合、いつ何が起こるかを予測することはできません。不動産投資のリスクというのは、金融商品よりコントロールがしやすいといえるのです。

物件価格の値下がりにも抵抗力がある

前に中古ワンルームマンションは、賃料に下方硬直性があり、築年数が古くなっても賃料はそれほど下がらないことを述べました。

賃料がそれほど下がらなければ、物件価格が低下すると、投資で得られる利回りは上昇することになります。

しかし、都心の優良な中古ワンルーム物件の投資利回りは、ここ数年の傾向を見ても、ほとんど上がっていません。

むしろ、低下傾向にあります。

投資利回りがあまり低下していないということは、賃料があまり変わらず、物件価格もほとんど変わっていない、ということになります。

都心・中古・ワンルームマンションは、賃料だけでなく、物件価格の下方硬直性もあるのです。

ワンルームマンションは“売却リスク”が低い

何かしらの理由で現金が必要になり、不動産を売却する必要が生じることがあります。その際、所有しているのが1棟ものだと、買い手は資金力のある投資家に限定されてしまうため、売却に時間がかかります。

つまり、1棟ものは、流動性および換金性が低いということができます。その点、都心・中古・ワンルームマンションは、投資家層が広く短期間での売却が可能です。不動産の中では、極めて流動性、換金性が高いといえます。

特に、購入先の販売会社や、契約している管理会社に売却を依頼すると、スムーズに売却することができます。

一般的に、マンションの売却までの平均期間は3か月といわれていますが、中古ワンルームマンションを管理会社に売却する場合、売却を決めてから1か月足らずで売却代金を受け取ることができるケースも少なくありません。

こうした換金性の高さは、中古ワンルームマンションならではのメリットです。

売却を考えるうえで注意すべき点があります。

それは、保有期間です。

売却した年の1月1日時点で、保有期間が5年以内か5年超かで、税率が変わるからです。

個人投資家が不動産を売却して、利益（＝譲渡益）が発生すると、利益に対して所得税と住民税が課税されます。

保有期間が5年以内の場合、短期譲渡所得として、所得税と住民税を合わせて、譲渡益には約39％が課税されてしまいます。

一方、5年超であれば、長期譲渡所得として、約20％の課税で済みます。

税金を考えれば5年超保有してから、売却の検討をするのが賢明です。

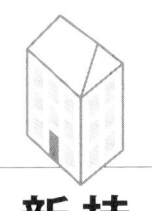

持ち続けることで新たな収益チャンスが生まれる

最近、マンションの建て替えが増えています。

古い物件の場合、建ぺい率・容積率・高さ制限といった建築制限が緩和されている地域が増えているため、大規模化、高層化が可能になり、新たに建設費用がかかっても十分に採算が合うというわけです。

じつは、この建て替えが、築年数の古い物件の所有者にキャピタルゲインの機会をもたらすことがあるのです。

実際にあったケースをご紹介します。

築年数の古いマンションの16㎡のワンルーム物件を購入した人がいました。物件価格は約１１４０万円です。

このマンションが高層タワーマンションに建て替えをすることになりました。

1140万円のワンルームを保有していた人には、建て替え後のマンションの新たなワンルーム物件を約1200万円で購入できる権利が与えられたのです。

新しいワンルームマンションは市場価格では2000万円以上と想定され、1200万円は地権者用の特別価格です。

当然、その人は差額分の60万円を出して、新しい物件を購入しました。

再開発が活発な都心では、マンションの建て替えも少なくありません。

地方だと、長期保有にはリスクがありますが、都心では物件を持ち続けることで、建て替えという選択肢が生まれるチャンスまであるのです。

第6章

「99%成功する物件」が買える販売会社の選び方

投資の成否を握る不動産販売会社

ここまでで、不動産投資のメリットとともに、投資に伴うリスクについて、1つずつ解説してきました。

キャッシュフローの黒字化が最も大切であり、そのためには優良な物件を購入し、適切なローンを選択することが重要であるということが理解できたと思います。

しかし、これだけの説明では、従来の不動産投資関連の本を読み終わった後に感じるのと同じ、何とも言えない不完全燃焼感が残ってしまうと思います。

不動産投資の成功のカギを握る、優良な物件の入手方法が曖昧なままだからです。

不動産投資に関する本や記事では、優良物件の見分け方に関しては、詳しく説明されているものがありますが、具体的な入手方法についての言及はあまり見かけません。

書いてあったとしても、「信頼できる不動産業者、営業マンを見つけることが大事です」といった程度で、その先の肝心な、信頼できる不動産業者や営業マンの「選び方」が書いてあることは、ほぼありません。

これでは、いざ不動産投資を始めようとしても、最初の一歩がなかなか踏み出せないことになります。

そこで、初心者・未経験者が失敗しないための信頼できる不動産販売会社の選び方について解説します。

そのためには、まずワンルームマンションの流通の仕組みを理解することが必要になります。

また、優良な物件は情報がネット上で得られることは少なく、不動産会社自体が売主となっている「未公開物件」で取引されるケースが大半であることをおさえなければなりません。

ただし、未公開情報なら何でもよいわけではありません。信頼できる中古ワンルームマンションの販売会社から購入しなければ、思わぬトラブルに巻き込まれます。

自分自身や家族・友人などの不動産投資でお付き合いのある、具体的な販売会社もご紹介します。

不動産は「何を買うか」と同じくらい「誰から買うか」が重要なのです。

マンションの販売会社は玉石混交と心得るべし

不動産投資に興味を持ったら、本やネットで情報収集したり、不動産会社のセミナーに参加したりする人が多いと思います。

マンションの販売会社は、定期的にセミナーを開催しており、たいていの場合、無料で参加できます。

セミナー終了後は、個別の相談会が開かれて、具体的な物件を紹介されることもあります。

しかし、そうしたセミナーや個別相談会を体験したことがある人ならわかると思いますが、実際に紹介されるのは、かならずしもよい物件とは限りません。

そこで、他のセミナーに参加することになりますが、状況は変わらず、なかなか優良な物件が回ってこないので、結局、投資自体をあきらめる人も多いようです。

投資をあきらめるのはまだ良いほうで、中には、妥協して紹介された物件を購入してしまう場合もあります。

せっかくリスクを取ってはじめても失敗に終わってしまいます。

悪質な業者になると、シミュレーションを住宅ローンの金利で行なっていて、キャッシュフローを黒字に見せているケースもあるのです。

投資用マンションの販売会社は、玉石混交です。

投資が成功するかどうかは信頼できる販売会社を見つけられるかどうかにかかっているのです。

優良物件は市場に出回らない？

駅の近くや繁華街には不動産会社がありますが、大きく分けると賃貸物件を扱っている会社と購入者向けの物件を扱っている会社に分かれます。
後者のような会社で不動産物件を購入しようとすると、取引形態としては通常は「仲介」になります。

仲介をメインにしている不動産会社の物件は『レインズ』（不動産流通標準情報システム）から情報として入手されたものが中心になります。

レインズは、売却物件や賃貸物件の情報が公開されている市場で、不動産業者で登録していれば、いつでも見ることができます（一般向けには公開されていません）。
顧客が提示する物件の価格や立地などの条件にしたがって検索をして、合致した物件を紹介することになります。

しかし、レインズで探した物件には、魅力的なものはあまり多くありません。

その理由は、レインズに情報を公開する不動産業者の立場に立ってみるとわかります。

売却希望の物件があった場合、優良なものであれば、レインズに情報を掲載するまでもなく自社の顧客に紹介するはずです。そのほうが買い手からも手数料を受け取れるからです。

優良な物件ではなく、「購入してくれる人を探すのが難しい」と判断されるからこそ、情報を公開して、買ってくれる人を他の業者に探してもらうのです。

たしかに、レインズで優良な物件の情報が公開されることもあります。

しかし、そういう物件は、すぐに業者が買い付けてしまうので、放置されることはありません。

レインズに長期間にわたって公開されている物件は、逆に買い手がつかず、ずっと放置されている物件ということです。

市場に公開されている情報の中から優良物件を見つけるのは難しいと考えておいたほうがよいでしょう。

未公開物件は販売会社にもメリット大

優良な物件であればあるほど、レインズに登録されず、売買される傾向にあります。

通常、**未公開とは、「レインズに登録していない状態」**のことを指しています。

不動産販売会社が魅力的な物件の売却を依頼されると、公開せずに、まずは自社の顧客から買い手を探します。

売主から物件の売却を依頼されて、成立すると、まず売主から仲介手数料がもらえます。仲介手数料は「物件価格×3%＋6万円」（税別）になります。価格2000万円のマンションであれば、物件価格×3%＋6万円の部分は66万円、消費税は5万2800円ですので、合計金額は71万2800円になります。

さらに、その物件の買主を見つけられれば、買主からも同じ金額の仲介手数料がもらえるので、不動産販売会社はなるべく買主を自力で見つけようとするのです。

どうしても、自力で見つけられなかったときは、レインズに物件情報を公開します。

そして、別の不動産販売会社が買主を見つけてくると、見つけてきた不動産販売会社が買主から仲介手数料をもらうことになります。

なお、仲介手数料の「物件価格×3%＋6万円」は上限となっていますので、不動産販売会社が値引きすることは可能です。

実際、それほど規模が大きくない不動産販売会社では、仲介手数料を値引きするところが増えています。

未公開物件を数多く持っている不動産業者とは？

これまでのご説明から、優良物件の多くが、未公開の状態で不動産会社に取引されていることがわかっていただけたと思います。

となると、優良物件を購入するためには、未公開物件の情報を数多く持っている不動産会社と付き合うことが最も重要になってきます。

一般的にはあまり知られていませんが、中古ワンルームの未公開物件だけを扱っている不動産会社というのが存在します。

そうした不動産会社は３つのルートを使って未公開物件を入手しています。

（ルート1）仲介大手から未公開物件を購入する

いわゆる財閥系、銀行系、電鉄系といった大手の不動産会社には、数多くの物件情報が集まります。

その中には、売却希望の優良なワンルームマンションも含まれています。

未公開物件メインの不動産会社は、そうした大手の不動産会社から物件を〝仕入れる〟ことがあります。

その場合、買主は不動産会社になるので、大手不動産会社は買主から仲介手数料はもらえません。

それにもかかわらず、なぜ売却に応じるかというと、たとえば、売主が早めの売却を希望しているなどが考えられます。

売主が何らかの理由で現金が必要になり、早急にマンションを処分したい、といったことなどです。そういうときには、未公開物件メインの不動産会社に売却して、買主を探す手間を省くわけです。

また、大手の不動産会社にとって、1000万円~2000万円の売買は、それほど〝ウマ味〟のある取引ではないという事情も関係していると思われます。新築のファミリータイプのマンションや、新築の一戸建てがメインなので、中古のワンルームマンションの仲介には、あまり力を入れていないのです。

仲介の仕事とは、取引する物件の価格が安くても高くても、用意する書類などは大体同じです。必要となる手間は変わりません。

それなら、なるべく仲介手数料の高い物件を優先する、というのが大手の不動産会社のスタンスだと考えられます。

未公開物件メインの不動産会社にしてみれば、大手のそうした物件を入手するのは非常に〝オイシイ〟わけですが、普段から先方の不動産会社に営業をかけていなければ、できない仕事だといえます。

加えて、スムーズな売却ができる顧客を豊富に持っていなくてはできないでしょう。

（ルート2）ワンルームのオーナーから直接購入する

物件のオーナーから直接購入するというルートもあります。

不動産会社の営業マンが、オーナーに直接営業をしてそのまま購入するのです。営業の手法はさまざまです。よく郵便ポストに、「不動産を探しています」とか「マンションを売りませんか」といったチラシが入っていると思いますが、そうしたポスティングも売主を探す手段の1つです。

また、売主を見つける効率をアップさせるために、ワンルームマンションのオーナーに、直接、電話営業をする方法もあります。

でも、そうした営業で、優良な物件のオーナーが売却に応じてくれるのでしょうか。じつは、中古ワンルームマンション投資としては優良物件でも、元々のオーナーにとっては優良ではない、ということがあり得るのです。

たとえば、オーナーが新築でその物件を購入していた場合、初期投資の費用は大きな出費になっているはずです。

そのため、思うようなキャッシュフローが出ていない、おそらくは赤字の状態が続いている、といった状況が想定されます。

それならば、そのまま赤字の状態を続けていくよりも、いったん処分して現金化した方が賢明かもしれない、という考えになっても不思議ではありません。

もちろん、キャッシュフローは黒字で、不動産投資が成功している場合もあるでしょう。

それまでに、十分、利益を得ることができたので、物件価格が高いうちに売却をしよう、というオーナーもたくさんいます。

いずれにしても、不動産会社に売却の依頼を出す前のオーナーを見つけるわけですから、完全な未公開物件です。

(ルート3) 仕入れ専門の業者から購入する

近年、優良物件の入手方法としては、オーナーからの直接購入というパターンが増えているようです。

その背景には、オーナーへの営業だけを専門とする〝仕入れ業者〟とでもいうべき存在があります。

仕入れ業者が行なっていることは、前述した営業の手法とほぼ同じです。

都心、駅近、手ごろな間取りといった条件の良い物件を保有しているオーナーに、直接連絡をして、売却ニーズがあるかどうかを確認していくのです。

そして、売却したい人が見つかれば、不動産会社に連絡して、その物件を購入してもらうことになります(業者の人に話を聞くと、最近は、マンション投資が上手くいっていないオーナーが多く、投資を見限って売却するケースが増えているようです）。

こうした物件の仕入れを専門に行なう業者のことを、不動産業界では〝物《ぶつ》上《あ》げ業者〟と呼ぶことがあります。

「ブツアゲ」という語感からくるのでしょうか、なんとなくよいイメージはありませんが、「物上げ」という行為は、不動産業界の仕事としては古くからある、非常にオーソドックスな仕事です。

明確な定義はありませんが、一戸建てやマンション、アパート、あるいは土地といった不動産を売却物件にする、という意味で使われることが多く、会社の規模の大小を問わず、昔から現在に至るまで、不動産会社が行なっている基本の仕事といっていいでしょう。

ただ、近年のように、中古マンションに特化した不動産会社や物上げ業者が増えていることは、マンションの投資ブームが長らく続いていることと同時に、新築のマンション投資が上手くいっていない人が多いということも示しているのです。

「不動産業者の所有物件」は仲介手数料が発生しない

通常の不動産仲介

不動産の仲介なので物件の売主と買主の双方から手数料をもらう

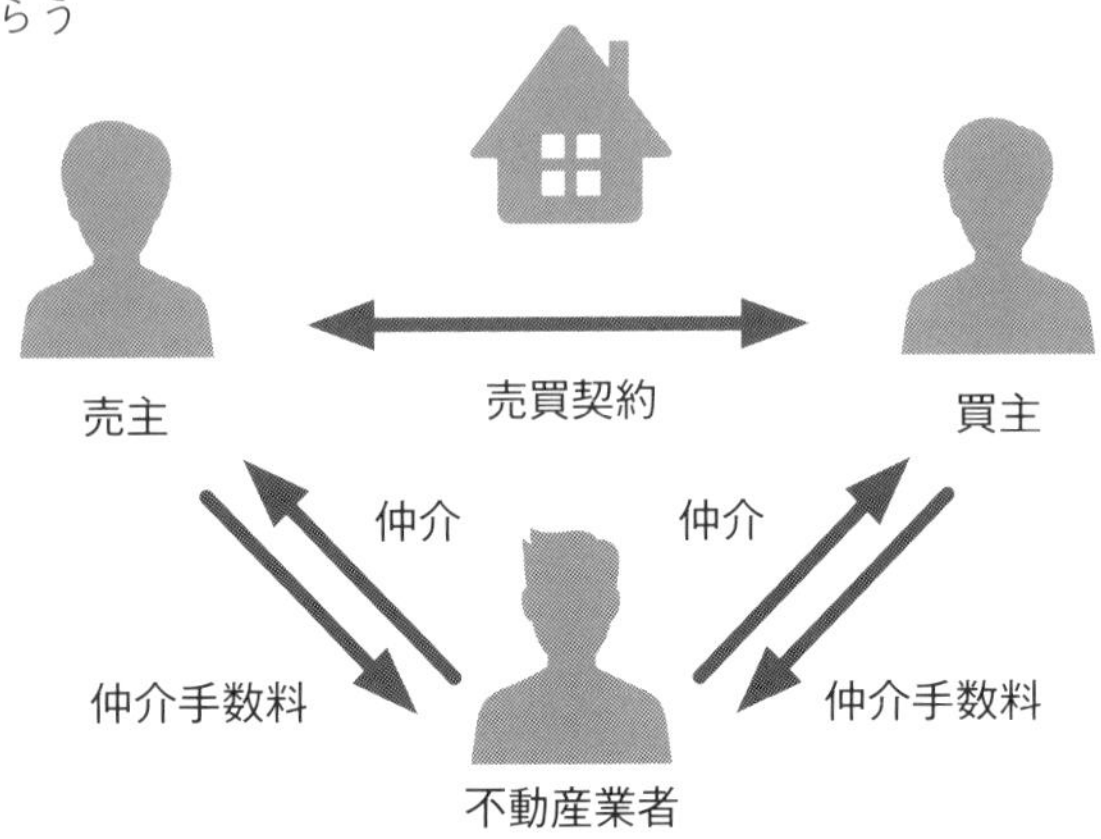

不動産業者の所有物件の売買

不動産業者が物件の購入者となり、買主に売却をする。買主は仲介手数料を支払わなくて済む

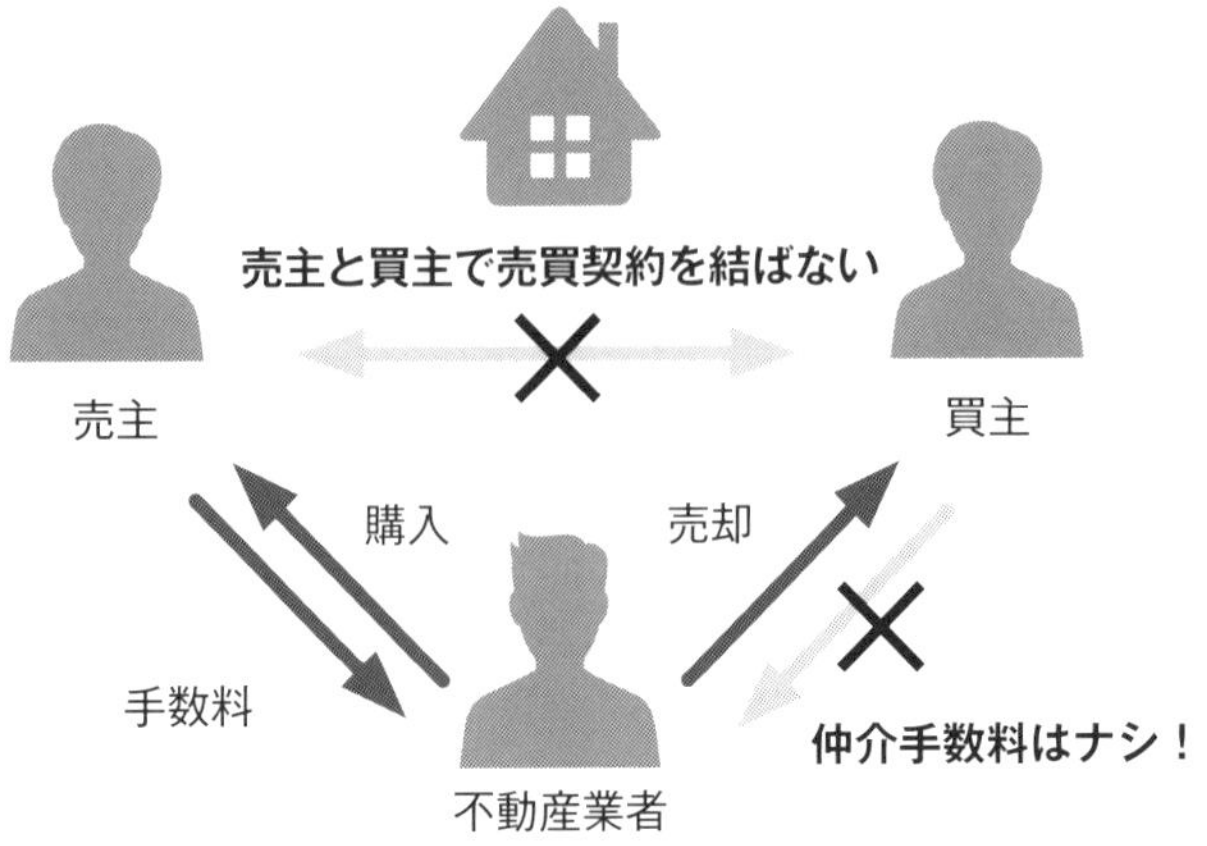

「物上げ」は売主と買主にもメリットがある

不動産会社が、自ら未公開物件を調達したり、物上げ業者から仕入れたりすることは、物件の売主と、エンドユーザーである買主の双方にメリットをもたらします。

まず、売主の場合、購入する不動産会社が仲介手数料を割り引くケースがけっこうあるのです。
業者の手数料を加味しても、上限を下回る仲介手数料にすることで、売主は相場よりも実質的に高く売却することが可能です。

一方、売却時は、物件の所有者は不動産会社に代わっているため、買主は仲介手数料を払う必要はありません。

不動産会社の自社所有物件の売却には、仲介手数料は発生しないのです。

こうしたメリットがあるからこそ、新しいオーナーは、不動産投資を堅実に行なうことができるわけです。

なお、1つ補足しておくと、不動産会社が物件を購入する際、不動産会社から売主に購入代金は支払われません。

不動産会社の購入は、買主への転売が前提となっているため、実際に代金を支払うことなく、所有権の移転に伴う不動産の登記も行わなくてもよいのです。

最終的に、買主の購入代金が売主に渡ることになります。

この仕組みは、『新・中間省略登記』と呼ばれていて、不動産会社と売主の契約後、3か月、認められています。

不動産会社としては、資金を持ち出さなくて済むので、大きなメリットがあるしくみといえるでしょう。

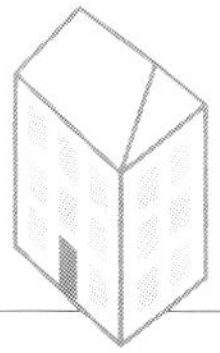

信頼できる中古ワンルーム販売会社はココだ

本章で述べてきたことを踏まえて、優良物件を安定的に供給している不動産販売会社をご紹介します。いずれも、私が信頼してお付き合いしている会社です。

（販売会社1）日本財託

投資用中古ワンルームマンションの販売実績では国内トップです。

会社のビジネスモデルは、販売で収益を追求するというよりも、販売後の物件の管理をグループ会社で手がけることで、収益を積み重ねることを目指しており、そのため、最大手でありながら物件価格は低くおさえられています。

グループ会社の日本財託管理サービスが管理する物件は、２０１７年10月時点で

1万8000戸を超え、入居率も約99％と安定した実績になっています。

（販売会社2）ワンルームダイレクト

中古ワンルームマンションに特化した買取り会社としてスタート。直販事業も手がけることで、中間マージンをカットした価格競争力のある物件を提供しています。毎月80件以上の新規物件をメール会員に無料で紹介していますが、これだけの数の物件を継続的に紹介できるのも買取り会社としての強みといえるでしょう。

ローンや管理会社の相談も無料でコンサルティングしてもらえます。

（販売会社3）イー・コネクション

投資用マンションを販売する不動産会社としては珍しく、不動産投資顧問業の登録業者にもなっています（宅地建物取引業者は全国で約12万業者あるが、不動産投資顧問業者は全国でも500社あまり）。

コンサルティングの中で最も重要視している出口戦略を顧客に提案し、不動産リスクを徹底しておさえています。

それによって顧客が安心して保有でき、状況に応じて売却でキャピタルゲインを得られるコンサルティングサービスをしている点が特長です。

また、高品質の物件の仕入れに強みがあり、都内中心部の優良案件の品ぞろえが豊富です。

（販売会社4）ブリッジ・シー・エステート

東京都心6区中心、駅近で資産性の高い中古ワンルームマンションの販売に強みをもっています。

販売後の賃貸管理業務はもちろん、不動産に精通した会計士や税理士、ファイナンシャルプランナーが在籍しているので、税金対策を含めた資産運用全般のサポートもしてくれます。

リフォーム、リノベーション、売却相談、資産管理会社設立に対応できる点も特徴です。

このように、それぞれの会社に強みがあり、相性の良い悪いもあると思います。まずは、各社のセミナーなどに参加して自分が気に入った会社と取引してみて下さい。

ご紹介した会社は、いずれも中古ワンルームマンションに強みを持ち、強引な営業などは一切行いませんので、安心して相談することができます。

良い不動産投資セミナーの見分け方

不動産投資を学ぶ方法は、独学かセミナーの2つに大別できると思います。

独学は、おもに専門家が書いた書籍やネット上の記事を読むことが中心で、興味を持った時点から気軽に始められます。

しかし、その分、必ずしも有益かつ正しい情報が得られるとは限らず、場合によっては誤った知識を植え付けてしまう可能性もあります。

その点、セミナーは、専門家から直に講義を聞くことができ、不明な点があれば質問することも可能です。独学で陥りがちな偏った考え方や先入観を払しょくすることもできるでしょう。

ただし、すべてのセミナーが、不動産投資を成功させるための有益かつ正しい情報を提供しているかというと、残念ながら「ノー」と言わざるをえません。

不動産投資セミナーの主催者はさまざまです。新築の投資用マンション分譲会社や中古マンション販売会社、あるいは不動産賃貸会社や不動産管理会社、さらには、不動産コンサルティング会社や経営コンサルタント会社などがあります。

基本的に、セミナーの内容は、主催している会社が扱っている物件への投資を誘導するものになっているので、主催会社を見誤ってしまうと、ほとんどが参加費無料とはいえ、時間と交通費を無駄にすることになりかねません。

まず、**新築の投資用マンションのセミナーは敬遠したほうがよい**でしょう。

豪華な会場を使って、景品などがもらえるケースがありますが、そもそも新築マンションへの投資は成功の見込みがないからです。

やはり、中古のワンルームマンションを扱っているセミナーに参加するのが賢明です。

ネット上のセミナーの告知において、「中古ワンルームマンション」というワードが入っているかどうかで見分けることができます。

さらに、**不動産の仲介会社ではなく、売り主となっている販売会社が主催しているセミナーを選ぶべき**です。

じつは、これだけでは、良い不動産セミナー選びの条件としては不十分です。

すでに述べたように、マンションの販売会社は玉石混交ですから、ハズレのセミナーに当たってしまう可能性が残っています。

そこで、**チェックしたいのは、金融機関との提携ローンを扱っているかどうか**。

金融機関の提携ローンを扱っている販売会社は、金融機関に対する信用力があることの証左であり、また、実際にワンルームマンションを購入する際に、提携ローンを利用できる可能性が高いからです。

私も不動産セミナーの講師を務めることが多いのですが、今まで書いたような条件を満たしている販売会社が主催しているものばかりです。

良質なセミナーを主催する販売会社は、信頼できる販売会社でもあります。参加を重ねていくうちに、信頼できる販売会社がわかってきます。

第7章

管理会社の選び方・付き合い方

投資用マンション管理の基本

最後に、本章でマンション購入後の管理全般について解説したいと思います。

ひと言でマンションの管理といっても、管理をする対象によって、誰が、どんな費用で管理するのかが変わってきます。

まず、物件のオーナーがマンションの管理組合に支払うのが管理費と修繕積立金です。

管理費はマンションの共用部分の日常的なメンテナンス、修繕積立金は将来の大規模修繕に備えるものです。

管理費も修繕積立金も、建物の規模や部屋の広さによって標準的な金額がわかるので、その相場についても紹介しています。

本章の後半では、オーナーが個別に契約をする、マンション管理会社について解説します。物件の専有部分の管理は、オーナーが管理会社を決めて、管理を委託することになります。

管理の中身は、部屋のメンテナンス以外に、賃借人との契約、家賃の回収、更新手続きなど多岐にわたり、中でも、部屋を借りる人を見つける「テナント付け」が重要になります。「テナント付け」の能力が入居率に直結するからです。

つまり、管理会社も不動産投資を成功させるための大きなカギなのです。

そこで、管理会社の業務内容を詳しく解説するとともに、良い管理会社とはどういうところなのか、それを見抜くポイントについて、さらに、管理会社に支払う管理代行費用の相場について取り上げました。

ぜひ参考にしてください。

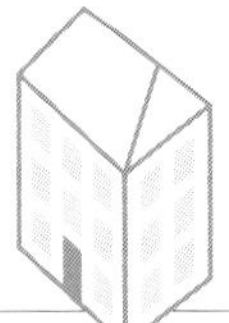

共用部分のメンテナンスに使われる「管理費」

マンションを保有すると発生する負担が、**マンションの管理費と修繕積立金**です。毎月支払いが発生する費用で、購入した月は日割り計算で徴収されます。

この2つの費用は、物件のオーナーがマンションの管理組合に納めます。

マンションの管理規約は、国土交通省がそのガイドラインを定めています。「標準管理規約」と呼ばれており、管理費について次のように具体的な内容が列挙されています。

・マンションの管理会社に委託する業務の管理委託費

管理員人件費、共用設備の保守維持費・運転費、事務費、清掃費・ごみ処理費など

・管理組合の運営に関する費用
・共用部分の水道光熱費
・共用部分の火災保険やその他損害保険の保険料
・軽微な損傷等の補修費

たとえば、マンションに管理人が常駐していれば、管理人の人件費は管理費から支払われます。

また、「共用設備の保守維持費・運転費」というのは、具体的には、エントランスの自動ドアやエレベーター、給水設備などの維持費、運転費になります。

自動ドアが故障して、修理をした場合、その費用は修繕積立金から支払われるのではなく、管理費から支払われます。

清掃も、マンションの価値を維持するうえで重要です。

エントランスや廊下、階段、さらに、駐車場や駐輪場といった共用部分の日常的な清掃は欠かせません。

このように、管理費が使用されるのは、マンションの共用部分の日常的な管理に関わる費用です。

管理組合はマンションの管理会社に依頼して、実際の管理を行なってもらいます。したがって、管理費が不足してしまうと、建物全体の清掃やゴミの処理に支障が出たり、設備のメンテナンスがおろそかになってしまったり、といったことが起こり得ます。

マンションの価値を損なう場合も出てくるでしょう。

管理費が高くなると、不動産投資の利回りを低下させるので、管理費は安いに越したことはありません。

しかし、安すぎると管理の不備を招く可能性があります。

マンションの規模や設備に見合った管理費になっていることが重要です。安ければよいというものではありません。

将来の修繕に使われる「修繕積立金」

マンションの共用部分は、経年劣化していきます。

そして一定の期間を経ると、修繕が必要になってきます。

具体的には、外壁の補修工事、階段やベランダの鉄製部分の塗装工事、屋上や外壁などの防水工事、受水タンクや給水ポンプの交換工事などが挙げられます。

そうした修繕の費用は、マンションの規模に応じて、数百万～数千万円に上るケースがあります。

そのときに使われるのが、修繕積立金です。

修繕積立金は、前記のような共用部分の計画的な大規模修繕の費用として、毎月積み立てられます。

日常的な管理に使用される管理費とは区別して管理しなければなりません。日常的な管理に修繕積立金を使ってしまい、大規模修繕をするときに積立金が不足することを避けるためです。

国土交通省の標準管理規約は、修繕積立金を使うことができる用途を次のように定めています。

- **一定の年数毎に計画的に行う修繕**
- **不測の事故や特別の事情により必要となる修繕**
- **敷地や共用部分の変更**
- **建物の建て替えや敷地の売却にあたって必要な調査**

「不測の事故や特別の事情により必要となる修繕」というのは、事故や災害で建物や設備が破損するケースを想定しています。

日常的なメンテナンスでカバーできないときには、修繕積立金を使うことが認められています。

修繕積立金は、将来の大規模な修繕工事に使われるため、きちんと積み立てが行なわれていても不足するということが起こります。

大規模修繕は、ひとつの目安として築10年前後に実施されるケースが多く、積み立てが始まってから工事までに10年もあると、その間に工事に必要な建材や人件費が上昇している可能性があるからです。

不足してしまった場合、大規模修繕をするときに、不足分を補うために一時負担金といった名目で、費用を徴収されることがあります。

また、将来的に不足が予想されるときは、途中で修繕積立金の金額が引き上げられたりするケースもあります。

最悪のパターンは、一時負担金の徴収や修繕積立金の引き上げが、管理組合の組合員の合意が得られず、大規模修繕が行なわれなくなってしまう場合です。

その場合、建物の老朽化が早まり、物件としての価値がどんどん失われていくことになってしまいます。

これは、絶対に避けたい事態です。

そうならないために、修繕積立金も適正なレベルで毎月積み立てられている必要があるのです。

費用の相場を把握しておくことが大切

日常的な管理と計画的な大規模修繕をきちんと行なうために必要な標準的な管理費と修繕積立金は、どの程度でしょうか。

まず、管理費ですが、戸数の規模と部屋の広さによって決まってきます。

国土交通省の『マンション総合調査』から引用します。

総戸数20戸以下の建物の場合、１㎡あたり平均２０１円となります。

部屋の広さが20㎡であれば、約４０００円です。

また、総戸数が増えると単価は安くなる傾向があり、21～30戸だと１㎡あたり平均１５１円、20㎡なら約３０００円になります。

本書で紹介してきた中古ワンルーム物件であれば、大体4000円前後だと考えられます。

修繕管理費は、管理費に比べると、標準的な金額というのがわかりにくい費用です。

その理由は、設備によって大きく変わってくるからです。

エレベーターや駐車場などの機械設備がたくさんあるような建物は、高額になりやすいといえます。

それを考慮した上で、マンション総合調査の数字を見てみると、総戸数20戸以下の場合、1㎡あたり179円、部屋の広さが20㎡なら約3600円になります。

総戸数21～30戸だと1㎡あたり143円、20㎡なら約2900円になります。

したがって、3000～3000円台半ばが、標準的な金額だと考えられます。

コストはマンションの規模によって決まる

管理費

総戸数	一戸当たり	㎡当たり単価
20戸以下	1万6,595円	201円
21～30戸	1万1,191円	151円
31～50戸	1万1,304円	164円
51～75戸	1万727円	148円
76～100戸	9,621円	128円
101～150戸	9,314円	128円
151～200戸	9,390円	114円
201～300戸	9,100円	119円
301～500戸	8,550円	108円
501戸以上	1万1,864円	145円
平均	1万661円	145円

修繕積立金

総戸数	一戸当たり	㎡当たり単価
20戸以下	1万2,328円	179円
21～30戸	1万324円	143円
31～50戸	1万243円	144円
51～75戸	1万749円	156円
76～100戸	1万1,517円	154円
101～150戸	1万1,040円	143円
151～200戸	1万1,035円	151円
201～300戸	1万188円	135円
301～500戸	1万255円	117円
501戸以上	1万2,766円	189円
平均	1万783円	149円

基本的に総戸数が少なくなるほど、㎡当たりの単価は割高になる傾向がある。ただし、20㎡程度の部屋であればコストはかなり小さくなる

出所：国土交通省『マンション総合調査』平成25年度版

管理会社のクオリティは「テナント付け」の能力でわかる

ここからは、マンションの専有部分の管理についてご説明します。

マンションの専有部分とは、壁や床、天井に囲まれた居住空間、ということになります。

間違えやすいのは、ベランダやバルコニー、1階であれば専用の庭といった部分は、いずれも専有部分ではないということ。窓やサッシ、玄関ドアも専有部分ではなく、共用部分になります。

したがって、許可なくベランダに物を置いたり、サッシを取り換えたりするのは、管理組合の規約に違反する恐れがあります。

専有部分の管理は、オーナーが管理会社を決めて、管理を委託することになります。通常はワンルームマンションを販売した会社の管理部門や、販売会社の系列の管理会社に依頼することになります。

管理の中身は、部屋のメンテナンス以外に、賃借人との契約、家賃の回収、更新手続きといった業務があります。

その中で最も重要なのが、部屋を借りる人を見つける「テナント付け」です。

このテナント付けの能力によって、管理会社の優秀さが決まると言っても過言ではありません。

テナント付けがスムーズにいくかどうかは、入居率に直接影響し、ワンルームマンション投資の成否に関わってくるからです。

では管理会社のテナント付けの能力は、どこで判断すればいいのでしょうか？

それは、管理会社が管理をしている戸数と、その入居率でわかります。

管理戸数は多いほうがよいといえます。

漏水やエアコンの故障、入居者からのクレーム、家賃の滞納など、賃貸物件の管理にはさまざまなトラブルが発生します。

そうしたトラブルに対処するためには、個々のトラブルに対処できる一定の人員を配置し、サポート体制を敷く必要があります。

このようなサポート体制は、管理戸数が多くなければ充実させることは難しいからです。

入居率は、管理戸数のうち、ある時点で入居者がいる戸数の比率です。

月末を基準とするところが多く、ホームページなどに直近の入居率を掲載しているところは、安心できるといえるでしょう。

その際、入居は決まっているけれど家賃は発生していない物件もカウントしているか、リノベーションをしている物件の扱いはどうかなど、入居率の算出方法に注意してください。

また、管理戸数が少ない場合は、入居率の数字の信頼性も低下してしまいます。管理戸数が多いほど、信用できるといえるでしょう。

東京23区のワンルームマンションの場合、優良な会社であれば99%を超えてきます。

優良な物件を優秀な管理会社に任せれば、空室リスクを極めて低く抑えることができるのです。

「管理代行費用」の相場

オーナーから管理会社に支払われる費用は、管理代行費用と呼ばれます。

管理費や修繕積立金は、建物の戸数や部屋の広さによって変わりますが、管理代行費用はサービス内容によって変わります。

一般的に、「月額賃料×○％」で算出され、基本的なサービスだけの場合は月額賃料の３％、付帯サービスが付くと月額賃料の５％に設定しているところが多いようです。

また、賃料にかかわらず、１部屋３０００円といった定額にしている管理会社もあります。

管理業務の基本的なサービスとは、家賃の集金や滞納時の督促、更新契約業務、退去時の立会点検、カギの管理、クレーム処理といったことです。

前記以外の付帯サービスには、滞納した家賃を支払ってくれる家賃滞納保証や、トラブルやクレームに対する24時間対応、物件の巡回報告といったことが含まれます。

管理会社選びが重要であることは事実ですが、契約をして、管理をしてもらってから初めてわかることも少なくありません。

管理会社は、後から別の会社に委託先を変更することも可能です。

最初からあまり神経質になるよりも、何か不備があれば変更すればよいのです。

更新・退去時のオーナー負担

最後に、マンションの入居者が契約更新をするときと、退去するときにかかるコストをご説明します。

マンションの入居者との賃貸借契約期間が満了を迎えると、入居者は契約を更新するか、退去するかのどちらかを選ぶことになります。

更新をする場合、オーナーが負担する費用はありません。

入居者は更新料を支払うことになるので、それがオーナーの収入となります。

賃貸借契約が2年間だとすると、入居期間が2年を超えるたびに、入居者は更新料を支払います。

更新料は賃料の1か月分が標準ですが、これをオーナーと管理会社でどう配分するかは管理会社によって規定が違います。

通常、オーナーと管理会社で50%ずつの折半がほとんどですが、中には、全額を受け取ることにしている管理会社もあるので契約内容を確認しておきましょう。

退去をする場合、オーナー側に費用が発生するケースが出てきます。

入居者の都合で退去するとき、退去後に内装工事やルームクリーニングが行なわれます。この費用を負担するケースです。

入居者には、賃貸借契約終了時にオーナーに部屋を明け渡す際、借りたときの状態に戻してから渡す、という「原状回復義務」があるので、入居者は内装工事やルームクリーニングの費用を負担することになります。

しかし、居住年数が6年を超えると、日常的な使用で劣化した床や壁、天井などについては減価償却されたと見なされ、入居者は退去時の内装工事やルームクリーニング費用を負担する必要がなくなり、その代わりにオーナーが費用を負担することになります。

居住年数が6年未満の場合は、年数によって、入居者とオーナーの負担割合が決められています。

また、日常的な使用以外で損傷させたと思われる部分については、6年を過ぎても入居者の原状回復義務があります。

最近は、前に述べたように、内装工事やルームクリーニングの費用は、入居者が入居時に支払っている敷金（通常賃料1か月分）を充当することが一般的となっています。

したがって、敷金を超える費用をオーナーが負担することになります。

なお、費用の全額を敷金でカバーできたときは、余ったお金はオーナーに返金されます。

おわりに

最後までお読みいただきありがとうございます。本書は国内不動産投資をこれから始めたいという初心者・未経験者を対象にした実践的なガイドブックです。

私自身、3年前に都内に中古のワンルームマンションを購入し、国内不動産投資を開始しました。

その後も物件を購入し、現在では中古ワンルーム、一棟もの、簡易宿所など、約30室を保有するまでになっています。借入も積極的に活用し、ローン残高も数億円まで膨らみました。毎月のインカム収入は400万円を超えています。

当初は、借金をして投資をすることに不安を感じることもありました。しかし、実践してみると、イメージとは逆に不動産投資で「将来のお金の不安」から解放されました。

株式投資やＦＸのように相場の変動に一喜一憂することがなく、手間がかからないのが不動産投資の最大のメリットです。

以前は、金融資産１００％で投資を続けてきましたが、今では資産の８割以上が国内外の不動産になりました。

不動産投資は毎月の家賃収入を得ることができ、そこからローンや諸費用の支払いを行なった残額を手残りとして安定的に得られます。東京23区内に所有している中古ワンルーム物件は、空室になりにくく、私が国内に所有する物件も現状は空室ゼロ。しかも管理会社にメンテナンスを任せることで手間もかかりません。

このように投資はやり方を間違えなければ、着実に資産を増やすことができ、将来のお金の不安を解消するために役立ちます。逆に、リスクを取らないで、預貯金だけで資産を保有すると、インフレや円安に対応できないというリスクがあるのです。

人生における最大のリスクは、リスクを取ることではなく、実はリスクを取らないことだと思います。リスクコントロールをしっかりしながら、投資すれば、その先に大きなリターンが待っています。

自分が働くだけではなく、これからは資産運用でお金にも働いてもらう。その方がリスク分散されて、実は安心と考えることもできるのです。

私が代表を務める資産デザイン研究所では、投資に興味を持っている方に投資に関する情報をできるだけわかりやすく伝えています。金融商品の銘柄推奨のような投資助言行為は行なわず、本書で紹介した国内不動産だけではなく、金融商品、暗号通貨といった様々な投資対象とどのように付き合うかを、具体的にやさしく解説しています。

毎週金曜日に配信している無料のメールマガジン「資産デザイン研究所メール」は、約3万5000人の購読者の皆様にお金に関する最新情報を提供しています。

また、3年前から投資家が集まるワインバー「SHINOBY'S BAR 銀座」を運営し、ワインや食事を楽しみながら参加できる投資セミナーを開催しています。

資産運用は、実際に自分でも投資している人から学ぶのが一番です。本書で紹介した方法は私自身が実践し、成果を得ることができたやり方です。しかも、投資初心者、投資未経験者でも、すぐに始められる再現性の高い方法です。後は、やるかやらないか。決めるのはあなた自身です。

この本がきっかけになって、資産運用を始めることができ、将来のお金の不安から解放されることを心からお祈りしています。

２０１７年11月吉日

株式会社資産デザイン研究所

内藤　忍

【巻末付録】……

ワンルームマンション投資を始める前にやるべきこと

～内藤式・最新「アセットアロケーション」～

不動産投資を始める前に実はやっておくべきことがあります。

それは、資産全体のアセットアロケーションを考えることです。

アセットアロケーションとは資産をどの投資先にどのように配分するかという戦略です。

本書で書いたように、国内不動産投資は有望な投資対象ですが、すべての資産を不動産に集中させるのは危険です。


アセットアロケーションの目的は、資金を異なる複数の資産に分散し、資産が想定とは逆方向に大きく変動したときの損失を、最小限に抑えることです。

本書は国内不動産投資、その中でも都心のワンルームマンションへの投資方法を解説するのが目的ですので、アセットアロケーションについては概要だけを説明します。


より詳しく知りたい方は、資産運用の基本を網羅した『10万円から始める！「貯金額別」初めての人のための資産運用ガイド』（ディスカヴァー・トゥエンティワン刊）を参考にしてください。

▼アセットアロケーションの基本的な考え方

アセットアロケーションの具体的方法としては、最初に同じ値動きをする資産をまとめて、その比率を計算していくことになります。

資産の種類は199ページの図のように6つあります。

内訳は、まず円資産と外貨資産、金融資産と実物資産という分類によって、2×2の4つに分類します。

円の金融資産、円の実物資産、外貨の金融資産、外貨の実物資産です。

そして、5つ目の資産として現金・預金のようなリスクがほとんどなく、リターンも期待できない待機資金のような資産を考えます。

さらに1から5のどれにも当てはまらない資産は6つ目のその他の資産に分類します。こうすると、資産は必ず6つのどれかに分類できます。

▼円資産と外貨資産の比率は50％ずつが基本

アセットロケーションを決めていく中で重要な視点は、円資産と外貨資産の比率をどうするか、そして金融資産と実物資産の比率をどうするかという2つです。

まず、円資産と外貨資産の比率について考えてみましょう。比率をどのようにするかは、為替に対する見通しによって変わってきます。

極端な例ですが、もし絶対に円高になると思えば、円資産を100％にして、外貨資産は保有しないのが賢明です。逆に、絶対に円安になると思うなら、外貨資産を100％にして円資産を保有しないのが賢明ということになります。

しかし、実際は円高、円安を予想できる人はいません。

多くの人はまったく予想もできないと思っているはずです。

もし、円高になるか円安になるかまったく予想できない場合は、円高と円安の可能性は五分五分ということになりますから、円と外貨を50％ずつ保有するのが合理

資産を6つに分類する

	金融資産	実物資産
円貨	国内株式 国内債券	国内不動産
外貨	海外株式 海外債券	海外不動産
	現金・普通預金	その他の資産

的ということになります。

もし、円安の可能性が少し高いと思うなら外貨比率を60%、70%というように高めていき、逆に円高の可能性が少し高いと思うなら円資産の比率を60%、70%と高めていけばよいのです。

つまり、円資産と外貨資産の比率は、50%ずつを基本として、為替相場に対する見通しがあれば、それを加味して比率を調整していくのがよいということになります。

円高になるのか円安になるのかを当てにいくのではなく、可能性を考え、確率から投資する比率を決めていくのが合理的です。

▼金融資産と実物資産の違い

次に、金融資産と実物資産の比率について考えてみましょう。

金融資産には株式や投資信託、FXといった商品があり、実物資産は不動産が代表的な資産になります。私はこの2つの資産をバランス良く組み合わせる「ハイブリッド投資」を自分自身で実践しています。

金融市場についての投資方法を考えてみましょう。

金融市場は効率性が高い市場です。効率性が高いとは、情報が市場に行きわたって、知らない人を出し抜くことが難しい状態です。つまり価格が公正に設定され、「歪み」を見つけるのは難しい状態です。

このような市場では、市場平均を狙ったインデックス運用によって平均点（日本株で言えば、日経平均のようなインデックス）を確実に取りに行くのが合理的です。

具体的には、低コストのインデックスファンドを組み合わせるのが良いでしょう。市場の成長を享受できるように、マーケット全体に幅広く資産を配分して、平均的な上昇率を取りにいくのです。

一方、不動産のような実物資産は、市場の効率性が低いと言えます。取引コストの高い市場なので、銘柄を調査して吟味し、長期運用することによって「歪み」から生じた割安な投資対象を見つけていくことになります。

不動産マーケットは、取引の規模が比較的大きく、また取引コストが高いことに加え、取引所のような透明性の高い売買の市場がないことから、価格に歪みが生じやすいのです。


実物資産には、超過収益が得やすいというメリットがある一方、金融商品のように、マーケットで低コストかつスピーディな売買はできません。現金化するのに、時間とコストがかかる、流動性に劣る資産なのです。

効率性が高く、取引コストが低い金融資産と、超過収益は得やすいが取引に手間とコストがかかる実物資産――それぞれのメリットを上手に使えば、投資で成功できる可能性を高めることができます。

金融資産と実物資産の比較

	金融資産	実物資産
取引コスト	低い	高い
価格の透明性	高い	低い
取引単位	小さい	大きい
投資家層	グローバル	ローカル
投資目的	おもに 株式による キャピタルゲイン	おもに 不動産による インカムゲイン
借入	現金が 基本	フルローンも 可能
市場の「歪み」	小さい	大きい

金融資産と実物資産に資産をどう配分するか

では、実物資産と金融資産の比率は、何を基準に決めていくべきでしょうか。決定要因としては、投資の目的と年齢、資産規模、収入といった本人の属性が関係してきます。

投資の目的にはキャピタルゲイン、インカムゲイン、そしてタックスメリットの3つがあります。

金融資産は株式を中心に投資する場合、値上がりからの利益であるキャピタルゲインを目的にするケースが多くなります。

一方、不動産のような実物資産では、毎月の家賃収入のようなインカムゲインが投資のおもな目的になります。

また、相続税対策のようなタックスメリットが見込めるものは国内不動産が中心になります。

金融資産には「NISA（ニーサ）」のような税制優遇はありますが、相続税が軽減されるといったメリットはありません。

年齢や投資金額などによっても比率は変わってきます。

一般的には、資産金額が膨らんできたら、不動産のような実物資産の比率を高めていくほうが、インカムゲインによる収入が狙え、資産としては安定します。

とは言え、実物資産は自分が投資したいという物件に出会わなければ、投資できません。タイミングによっては何年も投資できない状態が続く可能性もあります。資産配分の方法には一定のルールがありますが、実際の配分はそれぞれの事情によって細かく変わってくるため、正解はありません。

2つの資産のベストな組み合わせを見つけることは簡単ではないのですが、試行錯誤する中で、自分にとって最も快適な配分を見つけることができるようになると思います。

いずれにしても、効率性が高く取引コストが低い金融資産と、超過収益は得やすいが取引に手間とコストがかかる実物資産を組み合わせて、アセットアロケーションを決めていくのが合理的です。

投資信託や保険はどこに分類すべきか

アセットアロケーションの分類方法でよく聞かれるのが、投資信託や保険をどこに分類したらよいか？　という質問です。

日本株式や海外の債券といった資産は、分類が簡単にできますが、投資信託は、その投資信託にどのような投資対象が組み入れられているかによって分類が変わってくるからです。

たとえば、日本株に投資する投資信託なら円の金融資産に分類されますが、中国株に投資する投資信託なら外貨の金融資産ということになります。

また、保険については、死亡保険や疾病保険のような掛け捨ての保険は資産ではなく、費用になるのでアセットアロケーションには含めません。

年金型の保険や終身保険のような貯蓄型の保険は、資産として計算しますが、その保険がどのような運用をされているかによってアセットアロケーションの分類が決まってきます。

▼借り入れをしている場合はどうするか

日本の不動産では借り入れをして投資を行なう場合がほとんどです。

たとえば、ワンルームマンションを2000万円で購入し、不動産担保ローンを1500万円借りた場合、資産金額は2000万円ですが、アセットアロケーションの計算をする場合は、借り入れている1500万円を差し引いて500万円の配分比率として計算します。

不動産としては2000万円のリスクになりますが、通貨分散という視点では借り入れをした分だけ円資産を保有していないのと同じになるからです。

バランスシートで考えれば、資産と負債の両方にある場合は金額を相殺して考えるということです。

仮に2000万円全額を借り入れして購入する場合（フルローン）は、アセットアロケーション比率はゼロになります。為替の変動に対して資産と負債が同額なので、リスクがヘッジされた状態と考えることができるからです。

アセットアロケーションシートでさらに資産を細かく管理する

2017年8月に設立した資産デザイン・ソリューションズでは、209ページの図のようなアセットアロケーションシートを作成して、会員になった個人の皆様にカスタマイズするサービスを行なっています。

たとえば、円の金融資産については、株式型資産と債券型資産に分類できます。元本が増減するのが株式型資産で、投資先が破たんしなければ元本が満期時に100％戻ってくるのが債券型資産です。

外貨の金融資産についても同じように株式型と債券型に分類することができます。さらに、外貨に関しては投資対象エリアが先進国か新興国かによって分類すると、より精緻にリスクが管理できます。

先進国は政治経済が安定し、リスクが低い投資対象と言えますが、成長性では新興国に劣ります。

一方の新興国は、不安定な政治経済からリスクが高い投資エリアですが、経済成長率は先進国よりも高い場合が多く、中長期では先進国を上回るリターンを期待す

アセットアロケーションシート

	金融資産	金額	比率	実物資産	金額	比率
円資産	1日本株式			7国内不動産 （ローン）		
	2日本債券					
外貨資産	3外国株式　先進国 4外国株式　新興国			8海外不動産 先進国 9海外不動産 新興国		
	5外国債券　先進国 6外国債券　新興国			10コモディティ 11その他の資産		
その他の資産	12日本REIT 13外国REIT					
流動性資産	14現金・預金（円） 15現金・預金 （外貨）					

ることができます。

流動性資産については、円の現金預金と外貨の現金預金に分けてアセットアロケーションを管理していきます。

また、その他の資産については、金や原油といったコモディティ、最近注目されている仮想通貨、さらにヘッジファンド、ワイン現物投資、現代アート投資、アンティークコインなど新しい投資対象が次々に生まれています。

▼アセットアロケーションを使った資産運用戦略のプロセス

アセットアロケーションの前提として、最初に自分の資産の現状認識を行ないます。自分の資産全体がどのような配分になっているのかを確認し、問題点や改善のポイントを確認する。現状がわからなければ、対策の立てようもないからです。

次にやるべきなのが目標設定です。

著者略歴

内藤 忍（ないとう・しのぶ）

1964年生まれ。東京大学経済学部卒、マサチューセッツ工科大学（MIT）経営大学院（スローン・スクール・オブ・マネジメント）修士課程卒（MBA）。大手信託銀行、外資系資産運用会社勤務を経て、1999年にマネックス証券株式会社の創業に参加。同社は、東証一部上場企業となる。その後、マネックス・オルタナティブ・インベストメンツ株式会社代表取締役社長、株式会社マネックス・ユニバーシティ代表取締役社長などを経て、株式会社資産デザイン研究所を設立し、代表取締役社長就任。一般社団法人海外資産運用教育協会の代表理事も務める。著作は30冊を超え、『初めての人のための資産運用ガイド』（ディスカヴァー・トゥエンティワン）はシリーズ19万部のベストセラーに。早稲田大学、明治大学、丸の内朝大学などで、資産運用に関する講座を開講。毎週配信している無料のメールマガジン「資産デザイン研究所メール」は購読者3万5000人と個人が配信する資産運用メールマガジンでは最大規模の人気。ワインと投資をテーマにワインバー「SHINOBY'S BAR 銀座」を3年前にオープン。

株式会社資産デザイン研究所
http://asset-design.jp/

内藤忍公式ブログ
http://www.shinoby.net/

初《はじ》めての人のための99%成功《せいこう》する不動産投資《ふどうさんとうし》

2017年12月24日　初版第1刷発行

著　者　内藤 忍
発行者　小川 淳
発行所　SBクリエイティブ株式会社
〒106-0032　東京都港区六本木2-4-5
電話：03-5549-1201（営業部）

装丁・本文デザイン　上田宏志（ゼブラ）
本文DTP・図版　荒木香樹
編集協力　松岡賢治
編集担当　鯨岡純一
印刷・製本　中央精版印刷株式会社

ISBN978-4-7973-9428-3